守护成长
农村儿童教育读本
中学阶段

郭瞻予 编

北方联合出版传媒（集团）股份有限公司
辽海出版社

图书在版编目（CIP）数据

守护成长：农村儿童教育读本.中学阶段 / 郭瞻予
编 .—沈阳：辽海出版社，2019.4（2021.4 重印）
ISBN 978-7-5451-5321-7

Ⅰ.①守… Ⅱ.①郭… Ⅲ.①农村—中学生—家庭教
育—研究—中国 Ⅳ.① G782

中国版本图书馆 CIP 数据核字 (2019) 第 066373 号

参与编写：吴玥函　郝　欣　王　健　肖　娴

出 版 者：北方联合出版传媒（集团）股份有限公司
　　　　　辽 海 出 版 社
　　　　　（地址：沈阳市和平区十一纬路 25 号　邮编：110003）
印 刷 者：辽宁新华印务有限公司
发 行 者：北方联合出版传媒（集团）股份有限公司
　　　　　辽 海 出 版 社
幅面尺寸：170mm×240mm
印　　张：13.5
字　　数：115 千字
出版时间：2019 年 4 月第 1 版
印刷时间：2021 年 4 月第 2 次印刷
责任编辑：夏　莹　栾天飞　李淑娟
封面设计：琥珀视觉
版式设计：豪美文化
责任校对：李子夏

书　　号：ISBN 978-7-5451-5321-7
定　　价：38.00 元

购 书 电 话：024-23285299
开发部电话：024-23285788
版权所有，翻印必究
法律顾问：辽宁普凯律师事务所　王　伟
如有质量问题，请与印刷厂联系调换
印刷厂电话：024-31255233
盗版举报电话：024-23284481
盗版举报信箱：liaohaichubanshe@163.com

前言
Introduction

　　习近平总书记在十九大报告中指出："优先发展教育事业。建设教育强国是中华民族伟大复兴的基础工程，必须把教育事业放在优先位置，深化教育改革，加快教育现代化，办好人民满意的教育。要全面贯彻党的教育方针，落实立德树人根本任务，发展素质教育，推进教育公平，培养德智体美全面发展的社会主义建设者和接班人。推动城乡义务教育一体化发展，高度重视农村义务教育，办好学前教育、特殊教育和网络教育，普及高中阶段教育，努力让每个孩子都能享有公平而有质量的教育。"习近平总书记的讲话指出了我国未来教育的发展方向，对办好各级各类教育具有指导意义。

　　教育是一项系统工程，由家庭教育、学校教育和社会教育三个方面有机结合而成，其中家庭教育是教育的基础。在我国，农村家庭教育是特别值得我们深入研究和思考的。改革开放以来，我国农村经济发生了翻天覆地的变化，农民的家庭收入和生活水平有了很大的提高，农民子女有了更多更好的受教育机会，广大农民朋友越来越重视子女的教育，他们靠知识改变了自己的命运，成为各行各业的建设人才。农村家庭教育不仅影响着农村家家户户的幸福和子女的健康成长，对整个农村乃至我国社会的政治、经济、文化发展也具有重要的意义。据统计，2017年我国乡村常住人口超过5.76亿人，可以说，农村家庭教育在我国家庭教育中占有很大比重，农村家庭教育的质量直接影响到我国农村人口素质的养成。

然而，综观我国农村教育发展，还存在着很多不平衡的现象，其中之一就是农村孩子家庭教育的缺失问题十分严重，家庭教育远落后于学校教育与社会教育。这一问题虽然有社会的责任，但是家长的责任更为重大。其根源主要有：第一，农村家庭教育意识淡薄观念滞后，尤其是缺乏科学的家庭教育理念；第二，农村家庭许多家长科学文化知识水平有限，缺乏有效的家庭教育能力和方法；第三，目前农村依然有些家庭经济状况相对落后，对孩子的教育投入力度不够；第四，农村家庭在社会转型期结构发生较大变化，一些农民进城务工，随之而来出现的留守儿童问题，使本来就贫瘠的家庭教育更加弱化；第五，农村家庭社区文化资源稀缺，致使家庭教育所需要的良好环境和氛围更加匮乏。

增强农村家长的教育意识和教育理念，掌握正确的教育方法是改善农村家庭教育的重要途径。一部针对农村家庭子女教育的图书能够有效地满足农民家庭子女教育的强烈需求。《守护成长——农村儿童教育读本》丛书正是基于这样一种认识进行创作的，旨在为农村家庭教育提供既通俗易懂又切实可行的教育方法和策略，以增强农村家庭教育的质量和实效性。

本丛书是针对不同年龄阶段儿童（广义的"儿童"概念是指 18 周岁以下的个体）发展的特点及家庭教育的重点问题而撰写的，儿童时期是人开始系统学习文化知识、奠定学习基础、养成文明习惯、形成良好心理素质及行为品德的时期，也是家庭教育发挥自身优势的最佳时期。

本丛书由《守护成长——农村儿童教育读本·学龄前阶段》《守护成长——农村儿童教育读本·小学阶段》《守护成长——农村儿童教育读本·中学阶段》三册组成。每册书都设有六个主题篇章，每个篇章又涵盖八个既相关又独立的话题。其中学龄前阶段由"优生优育篇""发育指导篇""心理指导篇""安全指导篇""习惯指导篇"和"入学准备篇"组成；小学阶段由"学习指导篇""心理健康篇""礼仪指导篇""品行指导篇""安全指导篇"和"留守指导篇"组成；中学阶段由"亲子关系篇""学习篇""心理健康篇""文明礼仪篇""守法篇"和"安全篇"组成。本丛书以年龄层次分册，涉及的教育指导内容有着很强的针对性和层次性。虽然三册书都涵盖共同的教育热点，但论述的程度和角度均有不同。比如，学龄前阶段的编写内容侧重优生优育、儿童智力的早期开发、入学准备、良好习惯养成等内容；小学阶段的编写侧重学法指导、礼仪形成、品德教育等内容；中学阶段的编写则侧重亲子关系、心理健康、安全等内容。这主要是依据儿童心理发展既有连续性又有阶段性的发展特点，心理发展的连续性意味着个体心理前一个阶段的发展为下一个阶段的发展奠定基础，阶段与阶段之间是相互联系的；阶段性意味着阶段与阶段之间的发展有质的区别，即使是相同的发展课题，在不同年龄阶段表现的方式不同，解决问题的方法也不同。这种安排既有利于孩子在不同年龄阶段的家长阅读，又有利于家长了解整个儿童阶段心理发展的全貌及家庭教育整体问题。总之，本丛书涵盖范围较为广泛，涉及内容均为时下农村家庭子女教育问题中的热点问题、重点问题和难点问题。

本丛书均由教育学、心理学专业出身并从事多年教育工作的人员编写，具有较强的知识性、指导性和实用性。在编写过程中力求文字简练、通俗易懂、深入浅出，并依据内容配有丰富的图片，生动形象，具有较强的可读性。

我们也非常荣幸地将自己所学的专业知识和多年积累的教育工作经验与实践研究成果奉献出来与广大农民朋友分享，希望本丛书能被农民朋友喜欢并起到应有的作用；也希望本丛书能唤起全社会关注农村家庭教育、关心农村儿童健康成长的热情，为实现中华民族伟大复兴的中国梦不懈奋斗！

郭瞻予

2018 年 4 月于沈阳师范大学田家炳教育书院

目 录
CONTENTS

亲子关系篇

QINZI GUANXI PIAN

守护成长

青春期亲子关系出现了新的变化，由父母对子女的控制转为子女力图摆脱父母而争取更多的自主权，突出的表现就是"逆反心理"。这一时期，家长必须调整以往的教育方式与方法，对青春期的子女要采用朋友式的交流方式，耐心倾听他们的心声，尊重他们的隐私。在很多方面，家长要向孩子学习，与孩子共同成长。

① 帮助孩子度过青春期

大陆和小霞的儿子是七年级的学生，孩子学习成绩优秀，还喜欢运动，身体很健壮。看着日渐长大的孩子，夫妻俩内心充满了快乐，希望孩子能够健康成长。但大陆和小霞发现，随着儿子的不断长大，他们以前管教孩子的方法却逐渐失去了作用，孩子不喜欢他们像对待小孩子一样对待自己。在孩子的教育问题上，大陆和小霞有些焦虑。

小霞有一位表姐从事家庭教育工作，经常向他们介绍一些有关儿童教育的书籍和文章，大陆和小霞非常喜欢学习这方面的知识。最近，小霞的表姐正在策划一期有关"青春期教育"的活动，邀请知名教育专家为家长解读青春期个体身心发育的知识和家教方法，大陆和小霞得知这个消息非常高兴，每天都通过网络收看一系列讲座，受益匪浅。

智慧树

青春期是一个人从童年的幼稚阶段向成年的成熟阶段过渡的关键时期，我国青少年的青春期一般是在 10 岁到 20 岁。青春期是个体生理和心理发育急剧变化的时期，家长会明显地感觉到：在短短的两三年时间里，孩子的身高、体重、体形和面部都发生了变化，越来越像个大人了。青少年不仅在身体外形上发生了变化，更重要的是他们的心理也发生了巨大的变化。家长会惊奇地发现：孩子懂得的知识越来越多，甚至在很多方面超越家长，令家长不可小觑。同时，家长也明显地感觉到：随着孩子的逐渐长大，对孩子的教育也出现了一些困难。例如，孩子变得越来越有自己的主意，不再轻易认同家长的观点，在有些问题上与家长存在一些分歧，甚至产生逆反心理。当孩子进入青春期后，很多家长遇到了"前

青春期教育

所未有"的教育问题。

青少年心理学的研究表明：随着个体青春期的到来，青少年生理上出现的急剧变化必然会给他们的心理带来冲击，虽然他们生理发育迅速，但其心理发展的速度则相对缓慢，从而引发了种种心理发展上的矛盾。在日常生活中我们会发现，处于青春期的孩子像个"小大人"，喜欢独立承担任务，能够帮助家长做事；而另外一些时候，他们还充满"孩子气"，做出一些"气人"的幼稚举动；他们有了自己的小秘密，对家长窥探自己的"隐私"十分反感，同时还希望家长和自己像朋友一样相处，能够理解他们的烦恼；他们希望自己快快长大，像大人一样拥有自己的权利和地位，同时又眷恋童年。处于青春期的孩子情绪会变化无常，在个性方面也变得固执，不轻易接受成人的意见和建议。如果家长教育方法不当或家庭环境不利于孩子的成长，青少年还会出现心理和行为问题。因此，青春期的家庭教育就显得十分重要。

动力场

青春期的孩子内心充满了矛盾和困惑，需要家长给予一些恰当而有力的帮助。

首先，家长要学习一些有关青少年心理学的知识，了解和掌握青春期生理和心理发展的特点和规律，在教育和引导孩子成长的过程中要运用正确的教育方式与方法，遵循他们身心发展的规律。

其次，家长要以民主、平等的态度对待孩子。要善于与孩子交朋友，了解和理解他们的内心世界，为他们创造成长和发展的空间；同时也让他们承担一定的责任和义务，促进他们向着成熟的方向发展。家长还要学会疏导孩子的情绪，培养他们自我控制的能力，塑造优秀的人格品质。

最后，家长要特别注意为孩子营造温馨、民主、和谐的家庭环境，同时要充分利用外界有力的教育条件。家长还要配合好学校教育与社会教育，使家庭教育与学校教育、社会教育保持一致，形成教育合力，帮助孩子顺利地度过青春期。

启思录

青春期是青少年心理素质发展的关键阶段，容易产生心理失误，甚至心理滑坡，家长要帮助孩子安全度过青春期。

② 适应亲子关系新变化

　　舒洁是一个很细心的妈妈，平日里不仅对女儿的生活起居照顾得非常周到，而且非常注意女儿在学校的学习表现。例如，女儿考试成绩如何，经常与什么人交往，舒洁都要一一过问。女儿小时候会一五一十地回答妈妈的询问，可自打女儿升入中学之后，舒洁感到女儿和自己疏远了，不再像从前那样一回到家里就向妈妈汇报自己在学校的情况，有时候对妈妈的过问还有点儿不耐烦，嫌妈妈有点儿唠叨。面对女儿的变化，舒洁有点儿不理解：怎么女儿大了反倒和自己疏远了？有时候自己对女儿说的话反倒不如同学说的话管用。舒洁不禁有些黯然神伤。

智慧树

　　舒洁遇到的问题并不是个别现象。一项关于青少年人际关系的调查表明，青少年在人际交往方面均不同程度地存在问题，其中与父母的关系问题突出。初中生与父母的争吵增多，不愿意与父母交流，认为父母不理解自己。大多数受访高中生觉得和父母交流有问题或偶尔有问题。有些父母也明显感觉到：小时候的乖宝宝，长大了突然对自己的态度有了180度的转变，不仅不再听从父母的教导，而且凡事有了自己的主意。许多父母发现，他们与孩子的沟通遇到了前所未有的困难，很多家长为此苦恼却无计可施。

　　为什么孩子进入青春期后会出现亲子之间关系的变化？青少年心理学的研究表明：在童年期以前，父母在孩子心目中的形象是至高无上的，他们对父母既尊重又信任。进入青春期后，青少年与父母的关系开始发生微妙的变化。例如，

青少年开始与同伴有了亲密的交往关系，对父母的情感就不如从前那么亲密了。又由于青少年有了更多独立自主的需要，不喜欢父母过多地干预与控制，在行为上也开始脱离父母。还有就是青少年思维的独立性与批判性日益发展，不愿接受现成的观点和规范。因此，他们对父母的意见要重新审视，常常与父母的意见不一致。这些都是青少年心理发展中的正常表现，家长应该正确理解，适应青春期亲子关系的变化，调整好家庭教育的方式方法。

动力场

面对青春期亲子之间关系的新变化，家长在子女教育方面应注意以下几个方面：

首先，家长要调整心态，接受亲子关系的变化。孩子进入青春期之后，由于独立性的变化，对父母在情感方面不再像童年时期那样依赖，在行为方面也逐渐脱离父母，还时而表现为反抗。家长要认识到这是个体成长的必然过程，是走向成熟的表现，家长的任务是为孩子的成长创造有利的条件。

其次，家长要调整教育的方式方法。童年期的儿童独立性与自主性还没有发展起来，需要父母的陪伴、呵护和指导。当孩子进入青春期后，家长就要与孩子适度拉开距离，为他们留有一定的时间和空间，不要过度干预他们的活动。家长与孩子的交流与沟通也要主要采取"民主""协商"的方式，并且注意沟通技巧，保护他们的自尊心。

最后，家长要充分信任孩子，为他们提供支持。青春期的孩子心理敏感，希望得到成人的信任。因此，做父母的对孩子要该放手时就放手。孩子需要在探索中获得人生体验，当他们累了、受伤了，自然会想起父母温暖的怀抱。他们的生活经验少，解决现实问题的能力还不足，面对复杂的问题时会犯错误。家长要以接纳的态度及时给予帮助和指导。父母真挚的爱能够鼓励孩子接受教训、继续成长，这也是拉近与孩子心理距离的大好时机。

启思录

尽管青少年要求自主和独立，但大多数青少年对父母有着深刻的感情和爱，他们和父母任何一方单独在一起的时间在青春期都相当稳定，关键是父母要适应亲子关系的变化。

③ 青春期是逆反的时期

李琴和许斌的儿子大宝今年 15 岁，上九年级。李琴和大宝在乡下老家生活，许斌在外地打工，一家三口的生活条件还不错。最近，让李琴感到头疼的事儿是大宝的教育问题。按李琴的说法，大宝小时候还比较听话，可上了初中之后就开始变了。大宝对学习越来越不感兴趣，经常旷课，去网吧上网。许斌为此也常抽空回家教育儿子，但收效不大。一次，大宝当面顶撞李琴，把李琴气得直哭，许斌一气之下动手打了儿子。为此，大宝离家出走多日，最后在警察的帮助下才将他找回。面对儿子的叛逆，李琴和许斌感到无计可施。

智慧树

许多家长可能都会遇到这样的尴尬场面：面对处于青春期的孩子，家长说向东，孩子却偏说向西；家长说这个不应做，孩子却偏说我要试试。其实，青春期孩子的"反抗"不过是一种建立自我的方式。青少年心理学研究表明，反抗心理是青少年普遍存在的一种个性心理特征。青少年与父母由于认知、情感、态度和行为等方面的不同，经常会产生心理或外显行为的对抗状态，这种亲子之间的冲突高发期一般是在孩子的青春期。亲子冲突进入青春期后呈上升趋势，一般在九年级时冲突最为激烈并达到最高水平。

逆反，是青春期青少年最大的心理特点。青少年逆反行为的产生与这一时期自我意识的迅速发展有着密切的关系，他们追求独立和自尊，当他们的独立意识被忽视或受到阻碍时，就会产生反抗心理或行为。同时，青少年的神经系统兴奋性较强，中枢神经系统处于过分活跃的状态，使他们对周围的

各种刺激表现得过于敏感和强烈，常常为一些小事而暴跳如雷。青少年与父母的冲突主要在学业、结交朋友、消费观念、生活安排、穿衣打扮、隐私保护等方面，他们反抗的方式也表现得多种多样。有的青少年表现为态度强硬、举止粗暴；有的对父母表现为漠不关心、态度冷淡；还有的反抗表现为"迁移性"，即当某个人的某一方面的言行引起他们的反感时，就会对这个人的一切表现出排斥的态度。因此，要对青春期的青少年进行教育，必须了解和把握青少年心理发展的特点。

动力场

家长怎样对待青春期孩子的逆反心理呢？

首先，家长要尊重孩子的独立意识。青少年时期的显著特点是独立性与幼稚性并存，他们一方面要追求独立，另一方面又或多或少地表现出幼稚性，也会为自己的幼稚行为感到害羞。他们希望成人给予他们成长的空间，当他们失败的时候，希望得到成人的理解和宽容。如果成人限制他们的独立性，对其失败或错误给予严厉的批评而不顾他们的自尊，青少年便会表现出反抗的态度和行为。因此，家长要给予他们独立成长的机会。

其次，家长要以对待成人的方式来关心青春期的孩子。青春期的孩子有强烈的成人感，他们希望拥有成人的地位与权利，要求父母以对待成人的方式与他们交流，而不要再把自己当小孩子对待。因此，家长应改变与青春期孩子的交往方式，从关注他们的吃、穿、玩、乐，转为满足他们更高层次的心理需求，如交往的需要和尊重的需要等。

最后，家长要充分信任孩子。父母对孩子的信任是最好的成长催化剂，在孩子的成长过程中，如果家长能放手让他们做事，实际上是对孩子的信任和支持。而孩子也会从父母的信任中受到鼓励，进而对自己不断提出要求，更好地表现自我，以此报答父母对自己寄予的希望。这是一个良性互动的过程，家长越是相信孩子，孩子进步的幅度就越大。相反，家长越是担心孩子做不好事情，孩子的成长就越慢，很多长大后成为"巨婴"的人就是很好的证明。

启思录

　　逆反期，是成长中的青少年不可回避的时期，这是成长的规律。

④ 要尊重孩子的成人感

　　"这孩子怎么胆子越来越大了，家里的事儿也敢做主？"慧敏生气地和丈夫大民叨咕着。慧敏家今年翻新了住房，宽敞的四间北京平房马上就要竣工了。

　　在装修房子的过程中，他们16岁的儿子斌斌自作主张，把原定装修房子的瓷砖换成自己喜欢的颜色。慧敏对儿子参与大人的事情很是不满。慧敏发现，斌斌近来越来越逞能了，经常参与家里的一些决策，还显出一副很有主见的样子。大民倒认为孩子的意见如果合理也可以考虑采纳，可慧敏认为小孩子不要乱当家。平日里，慧敏对儿子限制较多，为此，母子俩常发生一些矛盾。

智慧树

　　青少年心理学研究表明，当一个人进入青春期后，会感到自己已经成为大人，因而在一些行为活动、思想认识、社会交往等方面表现出成人的模式，渴望参与成人的活动、扮演成人的角色，希望别人把自己看作大人，渴望得到尊重，要求独立。在心理学中，把青少年的这种表现称为"成人感"。

　　青少年"成人感"的出现与他们生理与心理的发育有着密切的联系。青春期身体的急剧发育，特别是身体外形的变化和性发育的成熟，使他们感到自己不是小孩子了，因而产生了强烈的成人自豪感，并以这种情感体验为先导，衍生出一系列心理、行为上的变化。于是，他们不再对父母撒娇，竭力作出一副大人的模样，喜欢发表独立见解，喜欢逞能。如果家长依然把他们当成小孩子，限制他们的独立要求，他们就会采取固执、对抗等方式进行反抗。实质上，青少年还

没有达到真正的成熟，他们在精神上、经济上依然依赖父母。他们分析问题与解决问题的能力也远远不够，对许多社会问题会感到迷惑不解。此外，他们的自我控制能力不强，会常常表现出情绪冲动。因此，青少年心理带有"半成熟半幼稚"的特点。

动力场

面对青春期的孩子，家长可以做到以下几个方面：

首先，家长要给予孩子鼓励，为他们创造成长的机会。"成人感"是进入青春期后急速发展起来的，它是中学生自我意识发展的一种全新成分和突出特征，是心理趋向成熟的一个标志。家长要抓住契机，让他们承担力所能及的任务。例如，在家庭中培养孩子的独立生活能力，帮助父母分担家庭生活负担；鼓励孩子积极参加学校和社会的公益活动，培养他们的社会义务感和责任感。由于青少年还具有幼稚的一面，在他们出现问题和错误的时候，要耐心指导，不能采取包办代替或严厉批评的方式剥夺他们的权利。

其次，家长要防止青少年出现"虚假的独立"。青少年在成长过程中为了证明自己的"成熟"，往往追求外在的自尊。例如，有些青少年追求外在的自尊，会刻意模仿社会新潮，用父母的钱来满足自己超前的消费欲望；有的青少年以攻击他人、称王称霸、交异性朋友、出入娱乐场所、吸烟饮酒、冒险等行为显示自己的"成熟"。这种虚假的"成人感"，表现出的是一种认识上的浅薄和个体需要上的虚荣，其欲求大大超出自控能力。对于这样的"成人感"，家长要进行教育和引导，不要轻易满足他们不合理的要求。

最后，家长要有"断、舍、离"的心理准备。随着孩子的不断长大，他们会逐渐脱离父母的怀抱，走向独立，这是人类个体发展的规律。但是，在中国传统的观念中，孩子在父母的眼里永远是长不大的孩子。因此，有些家长对孩子保护过度，心甘情愿地为孩子做奉献，这对培养孩子的独立性是非常不利的。为了孩子人格的健全发展，家长应该切断对孩子的过度依恋，要舍得让孩子吃苦，在心理上要逐渐离开孩子，让他们飞向更高的天空。

启思录

赋予孩子以应有的权利、义务与责任，让他们成熟起来。

⑤ 善于倾听孩子的心声

高一一班的家长会上，班主任冯梅老师与家长们交流学生们的学习情况，冯老师希望家长要经常与孩子沟通，了解孩子的心理变化，配合老师一起做好孩子心理的调节工作。会上，一位家长忧心忡忡地对冯老师说："孩子小时候老是缠着我说这说那，因为他说的都是一些鸡毛蒜皮的小事，所以我感到不耐烦，总是阻止他说话。现在，我想和他说说话，他却什么都不对我说了。每天放学后就独自待在房间里，即便是我主动与他交谈，他也不爱搭理我。我不知道该怎样和孩子交流。"

智慧树

现实生活中，有许多家长与孩子的交流存在一定的问题，尤其是当孩子进入青春期之后，亲子之间的交流变得更加困难。有的孩子不再像小时候那样什么都和家长讲，而是有了自己的秘密。有的孩子觉得家长和自己有"代沟"，不能理解自己，干脆有话也不对家长讲。更严重的是有些青少年因与家长的交流与沟通出现矛盾，导致心理和行为问题，例如产生抑郁情绪或离家出走。

出现上述问题的原因有两方面：一方面是随着青少年"成人感"的出现，他们的独立意识日益增强，希望自己能够承担更多的责任，认为不必事事与父母商量、请教。同时，青少年也反对父母对自己的行为有太多的限制，喜欢"自行其是"，如果事事都向父母"禀报"会觉得很没面子。另一方面，有些家长不理解孩子的内心世界，与孩子的交流存在如下几方面的问题：一种是无视孩子的心声，经常对孩子这样说话："你哪儿来那么多没用的话！一边儿去！干点儿正经事。"没等孩子说完话就立即打断。第二种是在孩子面前显出绝对权威的架势，说话的语气是："大人说的话没错，你说的那些话一点儿道理没有。"不允许孩子有自己的观点。第三种，更有武断的家长与孩子说："我认为""我早知道你""你真让我失望"等这样的话。这样的交流结果只能是失去孩子的尊重与信任。

动力场

与青春期的孩子交流，倾听是最好的方式。因此，家长要善于倾听。

首先，家长要耐心地倾听。耐心倾听意味着无论孩子说什么、要求是否合理，家长都要耐心、沉着地倾听，尤其是孩子发表独立的见解或意见时，家长更要让他们畅所欲言，不要武断地拒绝或打断孩子说话。耐心听孩子说话意味着重视孩子的意见，尊重孩子的心理需求，这样就能够与孩子建立亲密的信任关系，孩子也更愿意将自己的心里话说给父母听。

　　其次，家长要认真地倾听。认真倾听意味着家长不仅要耐心倾听孩子的心声，还要求家长在倾听过程中透过孩子表达出的口头言语、表情言语、身体言语，分析他们的真实意图。这就要求父母不仅要倾听孩子"说"了什么，还要倾听他们的语言里包含的"隐意"，更要"读"出那些用身体"做"

出来的"言语"。认真倾听对于家长全面了解孩子的内心世界是非常重要的，只有这样，家长才能有的放矢地对孩子做好引导工作。

最后，家长要有兴趣地倾听。有些家长对青少年的话题不感兴趣，认为他们还是小孩子，所说的话是幼稚的，不放在心上，表现出没情趣，经常武断地打断孩子的话。明智的家长对孩子的成长充满了兴趣，对孩子的一言一行既表现出关注、关心，又不限制、阻止孩子的言行。家长与青春期孩子之间应该是一种朋友关系，平等交流，对彼此的事情感兴趣。家长要接纳孩子参与家庭的决策，尊重和接受他们合理的意见和建议；家长也要对孩子的世界表现出兴趣，了解青少年的兴趣、爱好、时尚追求等。只有对孩子的话感兴趣，认真对待，孩子才肯把心里话说给父母听。

启思录

一双善于倾听的耳朵胜过十张能说会道的嘴巴。

⑥ 不要打探孩子的"隐私"

"我的东西你说翻就翻，想拿到哪里就拿到哪里；我的事儿你随便对别人讲，不管我愿意不愿意。你还偷听同学打给我的电话。你想怎么样？就是因为你是我妈，你就有权力干涉我所有的事情吗？"16岁的牛牛涨红着脸对他的妈妈大声叫喊着，因为妈妈未经他的允许就翻看他的物品。面对情绪异常激动的儿子，妈妈同样激动地大声呵斥儿子："你喊什么？翻你的东西怎么啦？我看看你书包里是不是都是书和作业本，你整天和这个联系，和那个交往，怎么不专心念书？书包里都装些什么东西？""我的东西不经过我的允许就不许别人动！"牛牛继续大声地对妈妈说。"我是别人？我是生你养你的妈，什么事儿我都得管，还要你允许？"为此，母子俩冷战了好长一段时间。

智慧树

一般说来，孩子到了青春期，独立意识开始增强，需要一个空间来隐藏属于自己的"小秘密"。例如，他们喜欢按照自己的意愿布置房间，不喜欢他人闯入；他们内心有了"秘密"，喜欢某个异性，但是还不能公开地表达，只好写在日记中；有的家长不能与孩子成为心灵相通的朋友，孩子自然也不愿意和家长分享自己心中的"秘密"。青春期的孩子对自己的"秘密"会小心翼翼地加以保护，不允许他人"闯入"，更不允许别人采取打探、窥视的手段了解自己的"秘密"，即便是自己的父母也不能强行打探。否则，就很容易引起孩子的敌视和反抗，严重的话，会导致亲子关系的破裂。

　　现实生活中，有很多家长还存在着陈旧的教育观念，认

为孩子是自己生养的，就应理所当然地接受自己的监督和控制。如果孩子对父母保守秘密，不讲真话，便是不敬不孝的表现。因此，有些家长就会以各种手段"介入"孩子的生活空间，甚至粗暴地加以干涉，致使亲子之间发生矛盾，增强孩子的逆反心理，削弱家庭教育的功能。

动力场

家长要获得教育孩子的主动权，就必须尊重和保护孩子的隐私。

首先，要学会尊重孩子。家长必须树立科学的教育理念，要明白孩子是独立的个体，并非家长的私有财产。他们有权利拥有属于自己的秘密，可以不必与他人分享。作为家长，也没有权力强行要求知道孩子的隐私。否则，家长的行为就会对孩子的自尊心造成伤害，家长也会失去孩子的信任与尊重，进而削弱家庭教育的功能。

其次，与孩子建立信任感。家长窥视孩子的隐私，是基于对孩子的关心，担心孩子还不成熟，容易出问题，家长要为孩子的成长把关定向。家长的出发点是好的，但是，如果家长不信任孩子，就会失去对孩子教育和引导的机会。家长要想了解孩子的内心世界，必须与孩子建立彼此信任的关系。只有获得孩子的信任与尊重，他们才能把自己的心里话说给父母听。

最后，经常与孩子沟通。青春期的孩子希望与成人建立平等的交流关系，他们反对成人居高临下地对他们横加指责，他们希望家长能够倾听他们的心声，以平等的姿态与他们交流，理解他们的心理需求。只有这样，孩子才能够把家长当作朋友，讲出自己的心里话。如果家长真的发现孩子有错误行为瞒着家长，家长也要运用一定的策略，了解孩子问题产生的原因。

启思录

《中华人民共和国未成年人保护法》第六十三条指出：任何组织或者个人不得隐匿、毁弃、非法删除未成年人的信件、日记、电子邮件或者其他网络通讯内容。除特殊情形外，任何组织或者个人不得开拆、查阅未成年人的信件、日记、电子邮件或者其他网络通讯内容。

⑦ 教育孩子要懂得感恩

尊敬的编辑老师，我是一名八年级学生的母亲，我是贵报《家教》栏目的忠实读者。我在孩子的教育方面遇到了问题，希望得到你们的帮助。

我和我的丈夫十几年前就来城里打工，目的是能让孩子在城里上学，受到更好的教育，将来比我们有出息。平日里，我们省吃俭用，但在孩子身上却舍得花钱。为了照顾孩子的生活，孩子的爷爷奶奶也从农村来到城里，每天为他洗衣做饭。可是，孩子对我们的付出还是不满意，不但嫌我们没能耐，还经常挑剔爷爷奶奶做饭不可口。为此我不知流了多少眼泪，对孩子也好言相劝，可是作用不大。编辑老师，我该怎么办？

智慧树

在现实生活中，我们常常会发现，有些青少年缺乏感恩之心，对父母的养育之恩无动于衷，认为是理所当然。不仅对父母的劳动不加珍惜，相反，如果父母不能满足自己的物质需求，还会抱怨父母无能。这样的孩子长大之后会成为一个自私自利的人，也不会反哺父母、孝敬父母，更谈不上帮助他人、奉献社会。

感恩是人的一种高级情感，不同于动物本能的"反哺"，需要后天的培养。有些孩子对父母、对他人缺少感恩之心，在很大程度上与家庭教育理念及教育方式有关。例如，有些家长认为自己为孩子做事天经地义，家庭的一切都要以孩子为中心，很少对孩子进行感恩教育。长此以往，孩子便形成了"自我中心"的性格，一切围着自己转，只知索取，不知感恩。可见，儿童是否懂得感恩，与家长的教育有着直接的关系。

感恩是中华民族的传统美德，在中国的传统文化里，感

恩思想一直占主流地位并流传至今。"滴水之恩，当涌泉相报""谁言寸草心，报得三春晖"等动人诗句，彰显了我国源远流长的感恩情怀与传统，值得我们学习与传承。感恩是一种高尚的品德，也是一种处世哲学、立人之本。教育子女懂得感恩、学会感恩，是家长的重要责任。

动力场

　　家庭是儿童感恩教育的第一场所，家长是子女感恩教育的第一任老师。家庭中的感恩教育可以从如下几个方面入手：

　　首先，家长要为孩子树立榜样。感恩意识的形成是潜移默化、耳濡目染的结果，儿童是否懂得感恩，与家长的行为示范有着密切的关系。日常生活中，如果家长能够对长辈孝敬，夫妻之间能够互敬互爱，与人交往能知恩图报，对工作、对生活抱有积极向上的态度，踏实工作、乐于奉献，孩子在家长的熏陶下，也会表现出感恩的情感和行为。相反，家长缺乏感恩之心，待人冷漠，对社会漠不关心，孩子也不会成为懂得感恩的人。

　　其次，家长对孩子不要包办过多，也不要有求必应，不要让孩子觉得家长对他们的付出是理所当然的。家长可以对孩子讲一些自己工作的艰辛，让孩子理解父母的不易。还要让孩子懂得不能只是索取，对父母、对他人、对社会要有回报之心。孩子懂得付出和回报，才会懂得珍惜和体谅。

　　最后，家长要为孩子创造"回报"的机会，在日常生活中培养孩子的感恩意识。青少年的感恩教育需要从日常生活中的小事抓起。在日常生活中，家长不仅要教育孩子具有感恩之心，还要培养孩子具备感恩的能力，感恩要体现在行动上。家长应该让孩子做力所能及的家务劳动，每逢节假日要向亲人问候；鼓励孩子参加社会公益活动，奉献爱心。让孩子在反复的实践中体验感恩带给自己的愉悦，从而养成良好的感恩习惯。

启思录

感激生育你的人，因为他们使你体验生命；

感激抚养你的人，因为他们使你不断成长；

感激帮助你的人，因为他们使你渡过难关；

感激教育你的人，因为他们开化你的蒙昧；

……

感激一切使你成长的人！

⑧ 家长与孩子共同成长

　　最近，城关学校组织八年级学生家长观摩了一节"心理健康活动课"。学校的心理教师李老师精心设计了一节关于亲子关系的课程，课程的题目是"我与爸爸妈妈共同成长"。课堂上，李老师首先导入两个家庭的故事作为课程的开头，其中一个三口之家的父母每天上网校学习果树栽培技术，女儿在校学习优秀，形成了浓浓的学习氛围，一家三口互相鼓励，其乐融融。另一家三口则是另一番情景，爸爸喜欢喝酒交友，妈妈喜欢跳舞打牌，对儿子采取"散养"的教育方式，其结果是儿子成了"问题少年"。孩子们在表演故事情景和小组讨论时都表达了一个共同的愿望，即希望自己的爸爸妈妈也要和自己一样不断进步，共同成长。课程结束后，家长们很受触动，体会到了学校组织这次家长开放课堂的真正用意。

智慧树

　　在现实家庭生活中，很多家长还持有陈旧的教育观念，认为家长无论文化水平高低，采取何种教育方式方法都理所当然，孩子要无条件地接受。孩子上学之后，主要的教育任务由学校和老师来承担，家长的角色就是"衣食父母"，至于家长是否与孩子共同学习、共同成长却很少考虑。正是这种陈旧的教育观念导致许多家长对孩子教育无力，不能充分发挥家庭教育的功能。而现代社会是一个飞速发展的社会，科学技术水平不断提高，致使家长的技能不足以传承给子女。不仅如此，很多新的观念和新的知识、技能还需要子女教给父母。因此，现代社会是两代人共同成长的社会。不仅要求孩子要通过教育和学习不断掌握知识、发展能力、完善人格，同时也要求家长要树立终身学习的理念，不断完善自己。这样的成长过程既是父母自身发展的需要，又是胜任家庭教育的需要。

现代家庭教育理论不仅强调家长要与孩子一起学习、共同成长，而且强调家长要放下身价向孩子学习。一些研究表明，现在的青少年有很多方面值得成人和家长学习。例如，青少年乐于接受新事物、新思想；主体性强，具有平等意识和批判精神；具有法律意识、环保意识和自我保护意识；公民意识强并热心于社会活动；价值判断求"实"，做事认真；休闲态度积极，兴趣、爱好广泛；等等。在这些方面，家长应该向孩子学习。

动力场

在家庭教育中，家长要做到与孩子共同成长，需要注意如下几个方面的问题：

首先，家长要树立新的教育观念。传统家庭教育理念认为家长对孩子的教育影响是由家长的自然地位决定的，家长

对孩子有绝对的教育权与控制权。而现代家庭教育理论认为，家长教育孩子，不是靠学历、收入和地位，而是靠教育理念、教育方法和教育能力。家长与孩子在人格上是平等的，家长要发挥自身的影响，就必须与时代同步，不断更新自己的教育理念，不断完善自己，与孩子共同成长。

其次，家长要经常与孩子交流。家庭教育专家孙云晓认为：我们强调父母与孩子的共同成长，实际上是在强调一个交流的过程，即一方面成年人将自己所走过的成长道路展示给孩子，作为一种可供参照的经验和教训；另一方面，孩子以其对新事物的敏感和快速接受的实践，也为成年人适应当代社会提供中介和桥梁。

最后，家长要向孩子学习。今天的孩子在许多方面都超过父母，例如：他们在掌握新知识、新技能的广度与速度等方面已经超过他们的长辈；他们在民主、平等、法治、环保等现代意识方面也要强于成年人。家长要虚心接受孩子的影响，而家长的适度示弱，也可以拉近与孩子的心理距离。

启思录

> 没有任何一个时代的父母，像今天一样需要学习，需要跟孩子一起成长。
>
> —— 孙云晓

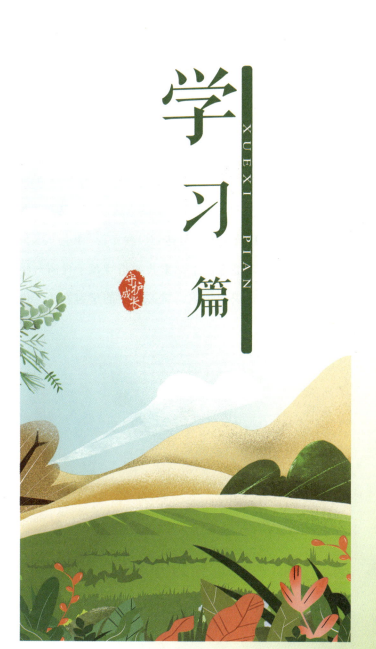

学习篇

XUEXI PIAN

守护成长

建立学习型家庭是一种与时俱进的成长过程，是以提高家庭社会适应能力和生活质量为目标，家庭成员通过学习达到自我完善、共同成长的过程。在学习型家庭中，家长要指导孩子提高对学习科学文化知识的认识，掌握科学的学习方法，提高学习效率。

① 建立学习型家庭

　　希望中学举办了"寻找最美家庭"大型公益活动，东东妈妈在本次活动中分享了自己的家庭故事，并且以最高票获得"最美家庭"的荣誉。"我和孩子爸爸都是农民，由于家里不是很富裕，我初中就退学了，虽然自己的文化水平不高，但是为了能让东东有一个更好的未来，我和孩子的爸爸努力赚钱，认真学习种植和养殖技术，我们生态养猪，种植水稻。我们实干、肯干，成为村里的小康家庭。同时，在教育孩子方面，我认为学习型家庭必须建立在平等、民主、相互尊重的人际关系的基础之上。我为孩子创造了平等交流的机会，让孩子大胆地分享自己的感受，表达自己内心真实的想法。"东东妈妈的教育理念和家庭经营方式，受到了其他家长的称赞。

智慧树

　　家庭是社会的细胞，家庭教育是一切教育的基础。自党的十六大提出"形成全民学习、终身学习的学习型社会，促进人的全面发展"以来，创建学习型家庭等活动便相继开展起来。建立学习型家庭是一种家庭成员与时俱进的成长过程，是以提高家庭社会适应能力和生活质量为目标，家庭成员通过学习达到自我完善、共同成长的过程。学习型家庭是一种家庭文化，它是一种新的家庭形态和新的家庭生活方式。创建学习型家庭是全面提升家庭教育质量、实现全民终身教育目标的最佳途径。

　　创建学习型家庭对社会发展有着重要意义。创建学习型家庭，营造有利于孩子健康成长的氛围，既是家庭自我提高、

自我完善、自我发展的需要，也是迎接知识经济挑战、为祖国培育人才的需要。创建学习型家庭，也是素质教育的必然要求。21世纪是信息技术和知识经济的时代，是可持续发展的时代，更是一个崇尚素质教育的时代。21世纪的素质教育要求我们要有主动学习、不断更新知识的能力；善于捕捉、收集和处理信息的能力；强烈的创新意识、创造性思维和实践能力；较强的组织协调能力。而这些素质的养成，学习型家庭有着不可替代的作用。

动力场

如何建立学习型家庭呢？

第一，父母要为孩子营造一个安静、舒适的学习环境。安静、舒适的学习环境有利于学生全身心地投入到学习活动中。一个干净的书桌、一盏台灯，简简单单的生活细节就可以对孩子产生积极的影响。

第二，父母要起榜样示范作用。父母是孩子成长过程中最亲密的老师。父母必须具有健康向上的生活态度，有积极向上的生活追求，对孩子多加鼓励，多加引导。在教育孩子方面，父母要不断学习，不断思考，用科学的方法教育孩子。

第三，父母要经常与孩子沟通，共同学习，促进孩子全面发展。作为家长就更应该在工作之余培养自己的一两个爱好，如打球、看书、下棋等。合理配置休闲时间，和孩子共同学习，坚持收看新闻节目，关心国内外大事，坚持阅读书籍、报刊，经常和孩子交流和分享学习心得。

第四，父母要培养孩子的想象力、创造力，提高孩子的实践能力。父母要善于保护和引导，丰富和发展孩子的想象力。要重视孩子的提问，激发孩子的求知欲，培养孩子的创新能力。空闲时间也可以带着孩子外出参观、旅游，不断丰富业余文化生活。多让孩子走进自然、融入生活，让孩子做一些力所能及的家务，提高孩子的实践能力。

第五，父母要培养孩子的自学能力，形成良好的学习习惯。从孩子生活中的一点一滴进行培养，从孩子的各方面能力进行培养。例如，让孩子独立完成作业，让孩子多动脑思考，使孩子获得"题做对了"的成就感，慢慢地，孩子就会形成良好的学习习惯。

启思录

创建与时代发展步伐相一致的学习型家庭，有利于提高家庭成员的学习能力和实践能力，提升家庭教育质量，从而实现全社会的发展。

② 男孩儿女孩儿都成才

　　靠山村的余家出了两个大学生，女儿兰兰 2016 年考上了一所师范大学，2018 年儿子小虎高考成绩 658 分，被一所 985 院校录取。余家两个孩子都考上了大学，大余夫妇和两个孩子成了当地的名人。

　　对于一个并不富裕的农村家庭来说，供养两个孩子读书可真是一件不容易的事儿。当初有人建议他们只供一个孩子读书就行了，兰兰是个女孩儿，用不着读太多的书，村里有很多女孩儿都外出打工挣钱，收入也不少，这样可以集中财力供儿子读书。但大余夫妇坚持供两个孩子一起读书，他们始终认为男孩儿女孩儿是平等的，他们都有受教育的权利，只有读书才能够改变他们的命运，就算夫妻俩生活再艰难都要让两个孩子读大学。

智慧树

　　习近平总书记在全球妇女峰会上指出："妇女是物质文明和精神文明的创造者，是推动社会发展和进步的重要力量。没有妇女，就没有人类，就没有社会。"在我国，随着男女平等思想的不断普及，女孩儿接受平等教育的机会越来越多，这是非常可喜的现象。但是在一些农村普遍存在着重男轻女的思想，女孩儿受歧视的现象依然相当严重，许多家境不富裕的女孩儿都因此而失学。有一些父母因重男轻女而在家庭经济条件困难时牺牲女孩儿受教育的权利以确保男孩儿上学，造成女孩儿在整体上入学率低、辍学率高、完学率低、文盲率高。剥夺女孩儿受教育的权利不仅会使她们不能掌握现代科学文化知识和技术，还会严重损伤她们的自尊心和自信心，

教育公平

知识不分贫富贵贱
人人都有受教育的权利

更容易受伤害。

调查表明，提高女性教育水平能够有效地控制人口的增长，提高人口素质；改善儿童的健康状况，延长人的寿命，提高生活和生命的质量。女性是对子女进行教育的主要承担者和实施者，母亲在孩子的智力、意志、情感、品性等方面发挥了很大作用，母亲的教育直接影响下一代的成才与否。同时，提高女性受教育水平，有利于提高个人的生产能力和家庭收入乃至提高国民生产总值，女性能够对家庭的经济结构即家庭成员的收入结构、家庭的消费结构和家庭经济的组合方式作出合理的统筹安排，量入为出，实现收支平衡；根据生活需要安排消费，争取最佳效益，实现对家庭的民主管理。家庭收入的提高，也有利于提高家庭对子女的教育投资，进而从根本上形成女童教育的良性循环。因此，提高女性的文化素质对子女教育、家庭、社会发展都起着重要作用。

动力场

解决农村女孩儿教育问题是一项长期的、庞大的、多层次的系统工程，需要社会、学校和家庭的通力合作。从家庭层面看，主要从如下几个方面入手：

首先，父母要从性别教育入手，树立性别平等意识。性别平等是现代社会进步的特征和表现，父母要帮助孩子客观认识、评价自己，增强"自尊、自爱、自强、自立"的意识，彻底改变传统观念，实现男女平等。

其次，父母要提高自身的文化素质，优化女孩儿教育的家庭环境，尤其是母亲的文化素质。母亲与子女相处、交流的时间比父亲更早、更多、更直接，因而母亲的素质能够更深刻地、潜移默化地影响女孩儿。

最后，父母要帮助孩子增强主体意识，克服学习的心理障碍。家庭是平衡男女差别的第一场所，父母要帮助女童了解自己，认识自己，利用自己的性别优势建造和谐的氛围，从而培养她们自信、自强、自立、自爱的良好品质。父母要提高孩子参与学习的积极性，培养孩子的创新意识和实践能力。

启思录

关爱女孩儿，就是关注民族的未来，让每一个女孩儿都有梦想成真和人生出彩的机会。

③ 书山有路勤为径

楠楠的家在一个偏远的小村子里，父母是本本分分的农民，爸爸农闲时外出打工，妈妈在家搞养殖，一家人勤劳节俭。楠楠是一个懂事的孩子，从小学到初中一直学习刻苦，成绩名列前茅。2018 年中考，楠楠以优异的成绩考上了县里的重点中学。很多家长都向楠楠的父母请教：楠楠有什么学习的妙招儿，能不能教给他们的孩子。楠楠的父母笑着对大家说："哪有什么妙招儿呀，要说妙招儿就是多下点儿功夫！"正像楠楠父母说的那样，楠楠每天给自己制订学习计划，并且按时完成计划。尤其是进入初中以后，楠楠学习更加刻苦了，每天早早起床读书，晚上自觉上自习。整个初中阶段，一直是班级里的学习尖子，成为同学们学习的榜样。

智慧树

"书山有路勤为径"一语出自我国古代著名文学家、"唐宋八大家"之首韩愈的《劝学篇》。意为在读书、学习的道路上，没有捷径可走，如果你想要在广博的书山中汲取更多、更广的知识，勤奋是必不可少的。读书学习，需要有一定的智力水平做保证。但是，要读好书并取得一番成就，仅有智力因素是不够的，还必须有刻苦、勤奋的精神。美国心理学家塞利格曼从人类拥有的 200 种美德中提炼出 6

种美德，在美德的基础上，提出了 45 种积极的心理品质，勤奋是个体内在的积极心理品质，被视为个体走向成功的不可缺少的品质。

有一个成语叫"天道酬勤"，意思是上天会按照每个人付出的勤奋给予相应的酬劳。青少年时期是人生理想初步形成的时期，也是引导他们勤奋学习的大好时机。家长

要教育孩子只有勤奋读书，刻苦努力，才能实现人生理想。多一分耕耘，就会多一分收获。

动力场

　　培养孩子的勤奋品质，父母应做到如下几个方面：

　　首先，父母要帮助孩子树立人生理想。青少年是理想形成的时期，他们崇拜偶像，也容易受偶像的感染和影响。父母可以经常与孩子分享一些历史典故，如《凿壁借光》《铁杵成针》等古代故事，以此激励他们。用孩子熟悉的当代有作为、对社会有贡献的人物作为他们学习与效仿的榜样，帮助他们树立人生理想。要让孩子知道，人生没有随随便便就能获得成功，要有所成就，就必须刻苦勤奋。

　　其次，父母要在生活中培养孩子踏实、刻苦的精神。家长要善于从点滴做起，循序渐进，持之以恒。生活中的点滴小事也能反映出一个人的坚持与勤奋。例如，可以让孩子坚持帮助大人做家务，掌握一些生活本领；在学习方面坚持按时完成作业，不拖延，不敷衍；在学习中遇到困难不退缩，积极寻找解决问题的方法，不寻求现成答案。

　　再次，父母要创造机会让孩子体验勤奋所带来的成功。有些家长认为现在的生活条件好了，不能让孩子像当年的自己那样过苦日子，家长能为孩子做的，就不让孩子做。因此，在家庭教育中就少了"勤奋教育"的内容。殊不知，家长如果忽视了这方面的教育，孩子一旦形成懒惰的性格就难以改变，长大之后也不会自我奋斗。所以，家长要注意培养孩子勤奋的品质，并让他们体验因刻苦勤奋获得成功的体验，激发他们的成就动机。

最后，父母要为孩子树立学习的榜样。教育孩子要刻苦读书、勤奋努力，家长一定要身体力行，走在孩子的前面。家长的勤奋精神体现在生活的方方面面。例如，家长坚持学习，勤奋读书，不断充实自己；在生活中勤俭持家，勤劳致富。孩子的品行是在父母潜移默化的影响中形成和发展起来的。

启思录

比尔·盖茨说过："机会是给那些勤奋的人准备的圣诞大餐，想要享用这道大餐，必须努力才行。现在你只要做得比你得到的还多，将来你就会得到比你做的还多。"成功属于脚步不停的人，但更属于脚步飞快的人。

④ 书中自有黄金屋

　　小波来自一个偏僻的小山村，那里的村民皆以种植桃树和花生维持生计。村民收入很低，许多家庭靠外出打工贴补家用，许多孩子也因此而辍学。小波的父母以务农为生，收入微薄，还要赡养年迈的祖母和负担孩子的学费及生活费，生活十分困难。为了改变自己和整个家族的命运，小波立志努力读书。功夫不负有心人，2012 年，小波以优异的成绩考入了一所农业大学，按他的成绩，完全可以读一所工科或综合型大学，但小波立志学农，将来靠农业技术改变自家及农村贫穷的面貌。小波攻读的是植保专业，四年的大学生活中，他认真学习、努力实践，和老师一起做课题，寒暑假回到村里与村里的干部和伙伴一起研究家乡的气候和土壤特点，回校向老师请教，还把老师的课题组成员带到家乡做实地考察。毕业后，小波回到家乡所在的县农科站做技术员，又与在省里读书时结识的一些商家建立农产品推广联盟。他创办了食品加工厂，规范管理果园，把自己村里的桃子加工成罐头，把花生榨成花生油包装后运到各大超市销售，并将残渣做成饲料。短短几年的时间里，家乡发生了很大的变化，农民开始以特色农产品和农业旅游观光产业为致富手段，收入大大提高。更可喜的是，在小波的带动下，外出打工的年轻人回到了家乡，学习农业技术，研究农产品销售策略，靠知识改变着自己的命运，改变着家乡的面貌。

智慧树

　　"书中自有黄金屋"概括了古代许多读书人读书的目的和追求。"黄金屋"指代极其富贵奢华的生活环境，它是一朝金榜题名、出人头地后最具代表性的收获，古代的人们常用这句话鼓励他人或子女读书。现代社会人们使用"黄金屋"

读书
改变命运

鼓励人们努力读书，掌握知识和实践技能，以投身社会、改造社会、改变自身的命运。

近年来，随着国家惠农政策的实施以及新农村建设的发展，农民的生活质量逐步提高；在教育方面，国家的"两免一补"政策进一步减轻了农村学生的教育负担，为农村学生接受教育提供了便利。

读书对社会发展有诸多益处：阅读书籍有利于提高人的综合素质，创造良好的内外部环境，构建文明和谐的家庭和社会。今天，读书已经成为个人、家庭和社会文明的重要标志。读书可以获得先进的技术知识，改变个人的命运，脱离贫穷，走向富裕。现在农村有很多家庭认识到了读书学习的重要性，家长不仅支持孩子读书升学，自己也努力提高知识水平，钻研农业生产技术，成为致富能手。读书也可以丰富人的精神世界，陶冶情操。书籍是人类的精神食粮，读书可以使人明智，提高个人修养。要建设社会主义新农村，提高个人文明水平，践行社会主义核心价值观，就必须刻苦读书。

动力场

要培养孩子读书的好习惯，父母要做到以下几个方面：

首先，父母要为孩子营造良好的读书氛围。读书需要良好的环境，需要静下心去读。当孩子看书的时候，尽量保持安静，或者父母也一同陪伴孩子读书，这样孩子才能更专心。只有专心去读书，才能读懂书中的深意，引发思考，从而提高阅读的效果。

其次，父母要鼓励孩子多读书。增加对孩子的教育投入，定期给孩子购买书籍，并且及时检查孩子的读书效果。父母也要陪伴孩子读书，分享彼此的读书感受，培养孩子的阅读兴趣，提高孩子独立思考能力、综合判断能力和表达能力。

最后，父母要鼓励孩子坚持阅读，持之以恒。读书给我们带来的好处，是需要我们用坚持去换取的。"三天打鱼，两天晒网"的读书方式是不可取的，我们应坚持利用一定的时间读书，才能促进自己文化知识的不断积累。

启思录

生活里没有书籍，就好像大地没有阳光；智慧里没有书籍，就好像鸟儿没有翅膀。

——莎士比亚

⑤ 学习方法要科学

　　小雨是一名高二的学生。小雨读初中时，每次考试在班上都名列前茅，她以优异的成绩考上了县里的重点中学。可是，上高中后，小雨的成绩出现了下滑的现象，高一上学期在班上还是中等水平，高一结束时成绩下滑到后十名。为此，小雨感到很迷茫：为什么自己比初中时还要努力，可学习成绩却上不去？是不是自己太笨了？小雨感到对不起父母，学习劲头也赶不上从前了，变得沉默寡言。班主任老师对小雨很关心，还请学校的心理老师帮助小雨一起分析成绩落后的原因。小雨慢慢地调整了心态，又以饱满的情绪投入到了学习中。

智慧树

　　在青少年的学习中，类似小雨的情况并不少见，有些中学生学习努力，肯下功夫，可就是学习效果不明显，其原因并不是智力水平低，而是学习方法存在一定的问题。对于青少年学生来说，要获得好成绩，凭下功夫还远远不够，还必须掌握科学的学习方法，即要"学会学习"。法国物理学家朗之万在总结读书的经验时深有体会地说："方法得当与否往往会主宰整个读书过程，它能将你托到成功的彼岸，也能将你拉入失败的深谷。"良好的学习方法对于提高学习效率具有重要意义。

　　首先，良好的学习方法是学习内容广度与深度的重要保证。"工欲善其事，必先利其器。"升入初高中以后，随着学习科目的增加、学习难度的增大，也要求学生掌握科学的学习方法，从而提高学习效率和自学能力。

其次，良好的学习方法有利于提高学习效率，从而促进才能的发挥。著名科学家碧尔娜，凭借着她一生的科学研究经验总结道："良好的方法可以使我们更好地发挥才能，错误的方法可以阻碍才能的发挥。"因此，良好的学习方法可以帮助青少年学生更好地掌握知识，提高能力。

最后，良好的学习方法有利于中学生自学能力的培养。随着中学生年龄的增长，尤其是到了高中阶段，紧张忙碌的学习生活要求中学生必须具备一定的自学能力。青少年学生每天都要为自己设定一定的目标，合理安排自己的时间，完成每天的学习计划。

动力场

父母该如何指导孩子掌握正确而又科学的学习方法呢？

首先，家长要帮助孩子培养正确的学习动机和目的。学习动机是孩子在社会和教育的影响下，对学习活动所产生的一种强烈的需要，它是推动孩子进行学习的一种心理动因。家长要让孩子明确为什么学和为谁学的问题，将学习与他们未来的生活及社会的需要联系起来，增强学习的内在动力。在正确的动机和目的支配下，孩子就能在学习上表现出专心致志、仔细认真、精力充沛、顽强坚韧的品质，从而取得优异的成绩。

其次，要培养孩子勤思多想、质疑善问的好习惯。学习是复杂的脑力劳动，只有勤于动脑，在学习上具有锲而不舍的精神，才能学得深、学得实。读书要存疑，"疑"是探究知识的起点，家长要鼓励孩子提出疑问，引导孩子提出问题，保护孩子质疑的积极性。要培养孩子善问的好习惯，使孩子虚心向他人请教，这是一个获取知识行之有效的途径。

最后，培养孩子的自学能力。进入初高中之后，学校的教学侧重学法指导，加强青少年的自学能力。许多家长对这个问题重视不够，自己不能亲自指导孩子学习，就请家教或去辅导班补课，忽视了孩子自学能力的培养，这些都不利于孩子养成终身学习的习惯和能力。家长应指导孩子养成制订学习计划、执行学习计划及课前预习、课上认真听课、课后复习的好习惯；学会边看书边做批注、边做笔记的方法；提高归纳、总结及将知识应用于实践、解决问题的能力。

启思录

善学者，师逸而功倍，又从而庸之；不善学者，师勤而功半，又从而怨之。

——《礼记·学记》

⑥ 学习计划要做好

看着越变越薄的日历，高华感觉自己的心跳在加快。他拿出一张白纸，注入所有激情在顶端写下"此时不搏何时搏"。然后，他开始写下自己的计划，立志在高考复习的日子里，要严格按计划办事。下面就是他某天的学习计划：

5:30 — 6:00	起床、洗漱，整理内务。
6:00 — 6:20	吃早饭。
6:30 — 7:40	上早自习。
7:45 — 11:55	上课（对老师的讲课内容认真做笔记，并及时请教不懂的问题）。 课间休息（操场做运动）。
11:55 — 13:30	吃午饭、午睡。
13:40 — 16:10	上课（对老师的讲课内容认真做笔记，并及时请教不懂的问题）。 课间休息（遇到不会的问题及时请教老师或与同学讨论）。
16:30 — 17:30	吃晚饭。
18:30 — 19:30	练习一套英语试卷并核对答案。
20:00 — 21:20	做一套数学试卷，不断强化自己的运算能力。
21:20 — 21:40	洗漱睡觉（良好的睡眠是第二天高效率学习的必要条件）。

　　高华这样制订并坚持执行学习计划，最后，他通过自己的努力，顺利地考入了理想的大学。

智慧树

　　俗话说：凡事预则立，不预则废。做什么事有明确的计划就会有好的结果，反之则不然。制订好学习计划对于青少年学生来说不仅是搞好学习的重要保证，而且会使其受益终身。

　　首先，制订学习计划是实现学习目标的蓝图。学习目标的达成是需要科学的学习规划来保证的。只有蓝图，没有科学的学习计划，学习蓝图就会变成一页废纸，人生目标也无法实现。制订好计划，脚踏实地地执行计划，才能够一步一个脚印地实现人生的美好蓝图。

　　其次，制订学习计划可以磨炼意志。在实际的学习生活中，学习计划的实施不会一帆风顺，为了保证计划的实施，就要努力克服困难、干扰及各种诱惑，通过意志努力，不断调整自己的行动，使自己的行动不偏离计划中既定的学习目标和任务。良好的意志品质是学习成功的重要保证，而学习的成功又为发展良好的意志品质起推动作用。

　　再次，制订学习计划有利于良好的学习习惯的养成。长期按学习计划办事，就会使学习生活很有规律。良好的学习习惯的养成是离不开科学的学习计划的，也可以说，良好的学习习惯是学习计划和顽强意志长期结合的产物。

最后，制订学习计划可以提高学习效率，减少时间上的浪费。良好的学习计划有利于充分利用时间，合理安排时间，有效地完成学习任务，从而提高学习效率，掌握学习的主动权。

动力场

父母该如何帮助孩子制订学习计划呢？

首先，父母要针对孩子的实际情况制订学习计划。家长要引导孩子认识到自己的优势和不足，针对孩子的个体差异合理安排学习目标和内容。家长接纳孩子的不足，同时发现孩子的潜力优势，在相对不足的科目可以和孩子一同制订学习计划。

其次，父母要引导孩子科学而自主地安排学习时间。科学安排学习时间，不可过多安排学习任务，以免引起孩子的反感，消磨学习兴趣。在每天写作业之前，可以和孩子先商讨今天时间的安排情况：写各科作业大概需要的时间，并且要安排出玩要和运动的时间，学习计划要注意劳逸结合。

再次，父母要鼓励孩子独立制订学习计划。青少年尚处于成长阶段，父母的参与、支持与陪伴有助于孩子勇于克服困难。家长在参与制订孩子的学习计划时，要注意态度温和，及时鼓励。发现孩子做得好的方面要给予表扬和肯定，鼓励孩子在学习中独立制订并坚持完成学习计划，培养孩子独立自主的能力。

最后，父母要发挥榜样的力量。在家庭生活和工作中，父母也要做好计划，并严格按照计划做好家里和工作中的事情，为孩子做出榜样。如果有特殊情况不能有效执行计划内的工作和生活，一定要给孩子做出正面、合理的解释，并在以后的日子里加以补偿。

启思录

要实现理想就要把计划写在纸上，放在心上，体现在行动上。

⑦ 养成读书好习惯

彤彤是城南学校的一名八年级学生，她在学校最近组织的"知识竞赛"活动中，经过初赛、决赛，一路过五关斩六将，最终取得了第一名的好成绩。彤彤在颁奖仪式上分享了自己取得优异成绩的秘诀："我每天都坚持读书，我认为阅读是一件美好的事情。爸爸妈妈会为我买自己感兴趣的书，渐渐地，我就养成了爱读书的习惯。我读书的范畴不仅仅是教科书，还有其他方面的书，包括文学、历史、科技等领域的书籍，我还喜欢看《朗读者》《中国诗词大会》《科教天地》等电视节目。每天的阅读不仅不会耽误学习，还会促使我更加热爱学习，开阔眼界，心情愉快。同学们，让我们养成读书的好习惯吧。"彤彤的话赢得了台下老师和同学们热烈的掌声。

智慧树

"阅读"被联合国教科文组织定义为人类重要的生存和终身学习的技能之一。如今，倡导阅读已经成为国家行为。国家"十四五"规划纲要提出深入推进全民阅读，建设"书香中国"，将全民阅读提升到国家战略高度，并将大力促进少年儿童阅读列为重点任务之一。

阅读对青少年的健康成长具有促进作用，读书有利于塑造健全的人格。例如，读鲁迅的书，会被"我以我血荐轩辕"的赤子之心打动；读《钢铁是怎样炼成的》，会被主人公保尔不向命运屈服的钢铁般的意志所折服……这些向上的精神会对人格起到升华的作用。同时，读书对于提高青少年的智力水平也有积极的意义。读书可以提高人的记忆力、想象力和思维力，促进智力的发展。读书还有助于提高孩子的学习兴趣和积极性，他们在阅读中能够主动认知、吸收知识，并积极运用这些知识开动脑筋去思考问题、分析问题、解决问题，使孩子从依赖型的学习向主动型的学习转变。阅读最直接的影响是有利于青少年语言能力的培养和理解能力的提升。博览群书，是一个积累的过程，日积月累自然会产生说和写的欲望。正如杜甫诗云："读书破万卷，下笔如有神。"

动力场

研究表明，孩子的阅读习惯与家长的教育和指导有着密切的关系，家庭是孩子养成阅读习惯的最好场所。因此，家长的指导十分重要。

首先，家长要为孩子选好书。所谓"好书"就是对青少年身心发展有益的书，它既能满足青少年的兴趣爱好，又对青少年的智力发展和性格养成具有促进作用。青少年好奇心强，有些以暴力、色情为主要内容的不健康读物对青少年的毒害非常大，家长要对此加以防范。有些家长不知道怎样为孩子选择课外阅读材料，可以按照学校为学生指定或建议的阅读书目购买。

　　其次，家长要在家庭中营造学习、阅读的氛围，家长要成为孩子效仿的榜样。营造家庭阅读氛围最好的办法就是全家人都成为阅读的爱好者，每天都有读书计划，定期坐在一起交流读书的收获与体会。也可以让孩子邀请同伴一起参加

读书会，同龄人的参与对培养孩子的阅读热情和阅读习惯更具有促进作用。家长应该把购买图书纳入家庭经济支出当中，每年要有计划地购置书籍。如果家里条件允许，可开辟一间书房或阅读角，专门摆放图书，营造书香家庭。

最后，家长要定期和孩子一起去图书馆、书店，感受读书的氛围，开阔视野。图书馆与书店是读书的好地方，尤其是节假日带孩子到这里读书，既可以获得阅读的乐趣，增长知识，感受读书的氛围，又可以放松身心，增进亲子之间的情感交流。

启思录

高尔基曾说过："读书愈多，精神就愈健壮而勇敢。"让我们从自身做起，从每个家庭做起，多读书，读好书，从中汲取营养，滋润心田，丰富情感，陶冶情操。让读书成为我们人生的需要，更要成为孩子成长的需要。

⑧ 防止学习拖延症

　　最近，东郊中学举办了一次由家长和学生共同参与的关于"如何防止学习拖延，提高学习效率"的心理讲座。讲座结束后，有些家长反映了自己孩子目前存在的学习拖延问题："我的孩子做事磨蹭、拖拉、不专心，写作业也总是潦潦草草，糊弄过去就万事大吉了！""孩子放学就把书包往床上一扔，立

刻打开电脑玩起游戏，总是打完游戏再写作业。""孩子早上不爱起床，每天都得费九牛二虎之力才能把他叫起来。""东东今年高二了，即将升学的他总是不按时复习，不及时写作业，我真的好着急呀！"

智慧树

　　学习拖延是指学生在有时间和精力的情况下往往把学习任务不断往后延迟的一种非理性的行为倾向。拖延会造成大量的时间浪费，导致学生学习效率低下。拖延行为所造成的一系列不良影响会使学生体验不到成就感，使得他们总是知难而退，不求进取。

　　拖延可划分为两种类型：一种是激励性拖延，是指学生往往把事情拖到最后一分钟去做，自称"有压力才有动力"，认为只有到最后时刻才会有创造力。另一种是回避性拖延，是指学生为了回避任务完成以后别人对自己成绩的负面评价或者为可能导致的失败寻找一种借口，是为保护自己的自尊而采取的一种行为策略。例如，有的学生考试没有考好，会说是因为自己没有付出足够的努力或是没有准备充分，以此推脱责任。

　　青少年学习拖延行为产生的原因主要有两个方面：一是"自我设阻"，意为有些学生针对可能到来的失败威胁而事先设计障碍，以达到自我保护或自我提升的目的。例如，有些学生在临近考试时还四处游玩、看电视或声称自己紧张焦虑等。有些学生会把拖延当作一种行为性自我设阻手段。因为有拖延行为的存在，学生就可以将失败归咎于时间仓促等外部原因而不是自己的能力，借此来保护和提高其自尊。研究表明，偶尔的自我设阻也许还有些益处，如缓解考试前的焦虑等。但习惯性的自我设阻会导致最终的失败或至少不能充分发挥其才能，以致错失很多机会。二是回避评价、完美主义倾向等也可能会导致拖延行为。例如，有些孩子为了逃避可能失败的风险或来自他人和社会的可能的批评时，就把拖延当成了一种暂时的自我保护手段。还有些孩子具有完美主义的性格特点，他们给自己制订了过高的目标或是苛求完美，在没有完全的把握成功地完成某项任务之前，导致了拖延行为。

动力场

面对孩子学习拖延的行为，家长有责任帮助孩子克服这种不良的学习习惯。

首先，家长应该营造良好的家庭学习氛围。当孩子在家学习时，家长也应该与孩子一同学习，试想：家长要求孩子做作业，而自己却在看电视、玩手机，怎么能要求孩子集中注意力学习呢？家长是孩子最好的榜样，建立学习型家庭，家长与孩子共同学习势必能提高孩子学习的兴趣和效率。

其次，帮助孩子制订详细可行的学习计划，随时监督计划的执行。一份详细可行的学习计划是使学习任务得以顺利及时完成的重要保障，它能够增强学习的目的性和计划性。家长可以结合孩子自身的学习情况，从制订短期计划入手，规定具体的学习任务和时间。家长还要与教师及时取得联系，及时获得反馈信息，督促孩子按学习计划执行，逐渐养成良好的学习习惯。

最后，采取"化整为零"的学习方法。现在中小学生的学习任务量较大，难免因为畏难情绪而导致拖延心理。家长可以帮助孩子采取"化整为零"的方法，将较多的学习任务分解为若干个小单元任务，把大目标分解为小目标，做好计划，每天按时完成一部分，减小心理压力。

启思录

盛年不重来，一日难再晨。及时当勉励，岁月不待人。

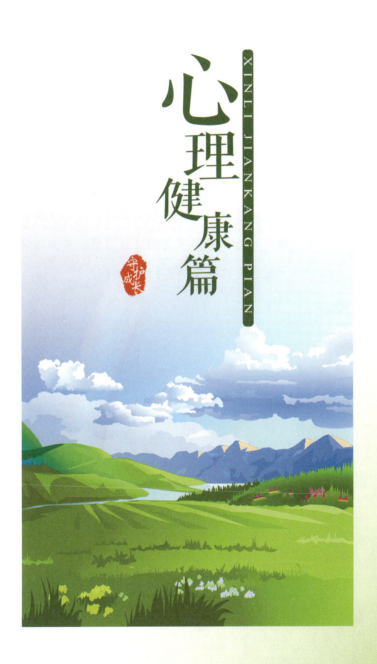

心理健康篇

XINLI JIANKANG PIAN

守护成长

《国家中长期教育改革和发展规划纲要（2010—2020 年）》指出："充分发挥家庭教育在儿童少年成长过程中的重要作用。家长要树立正确的教育观念，培养子女的良好习惯，加强与学校的沟通配合，共同减轻学生课业负担。"

① 身心健康数第一

　　文武是一名九年级的学生，他特别喜欢打篮球，每当下课后或者放学后，操场上总有他的身影。原本文武的妈妈还很担心，孩子把这么多的时间用在打篮球上，会不会影响学习？眼看着就要中考了，几次模拟考试下来，文武的成绩一直稳定在班里的前几名，妈妈的顾虑逐渐打消了。适度的体育运动使文武不仅学习没有受到影响，而且整个身心状态都非常好，面对每天紧张的学习，文武吃得香、睡得好，学习效率高，在学习上的困难也不急不躁，用毅力一个一个地攻破。文武在同学们眼中是个热心人，大家都愿意与他交往，是同学们和老师眼中的"阳光男孩"。

智慧树

　　随着社会文明的不断发展，人们对健康的含义有了新的认识，健康不仅意味着身体结实，不吃药不打针，更重要的是有一个健康的心态，能够积极乐观地学习和生活。健康的身体与积极的心态二者是统一的。身体健康是良好心态的保证，一个人只有拥有健康的体魄，才能以积极的心态面对学习和生活。

　　青少年是祖国的希望、民族的未来，生理和心理的和谐统一是他们完成学业，成为祖国未来建设者的重要保证。在社会发展日益迅速、社会竞争日益激烈的情况下，青少年的身心健康呈现出下降的趋势。青少年时期正处于身心变化迅速的时期，心理发展还不成熟，表现为生理成熟与心理成熟不同步、认知结构不完整、对家庭和社会高度依赖、文化知识及社会经验不足，因此，很容易出现身心健康问题。例如，从生理方面来说，我国青少年的视力、脊柱、心肺功能、免疫力等方面与其他国家的青少年相比差距还很大。在心理方面，由于学习压力过大、睡眠不足、运动量过小、身心疲劳而导致的心理问题也日渐增多，使他们比成年人有更多的焦虑，会遇到更多的挫折，导致心理问题或心理疾病，因而容易产生心理障碍。

青少年身心健康与家长有着直接的关系，目前还有很多家长对孩子的身心健康问题重视不够。例如，有些家长只重视孩子的学习成绩，给孩子施加压力，以考名校作为衡量孩子是否优秀的标准；有些家长认为给孩子吃饱穿暖、供其读书就是尽了自己的责任，很少过问孩子的心理需求；还有的家长不能营造和谐的家庭气氛，使孩子缺少家庭的温暖。这些都不利于青少年身心的和谐发展。

动力场

现代意义上的合格家长要关注孩子身心的和谐发展。因此，家长要做到：

首先，家长要提高认识。现代健康的概念是生理、心理和社会适应的完美发展状态，因此，家长要对孩子的生理素质和心理素质的教育同样重视。

其次，家长要注意对孩子卫生、保健、营养方面的关心和指导。加强家庭成员中的疾病预防，保证孩子饮食的科学营养、卫生安全；保证孩子的睡眠时间和运动锻炼时间，远离垃圾食品，养成良好的生活习惯。

再次，家长要关注孩子的心理素质的养成。教育和引导孩子正确的学习动机和良好的学习兴趣；培养孩子具有稳定的情绪和较强的自尊心、自制力和吃苦的能力；要善于与人交往，乐于合作；等等。

最后，家长要为孩子营造温暖和谐的家庭环境。作为父母要互敬互爱、共同奋斗；对孩子采取民主、平等的教育方式，了解孩子的心理发展与需求；家长要热爱学习、热爱生活，与孩子共同成长。

启思录

《国家中长期教育改革和发展规划纲要（2010—2020年）》指出："充分发挥家庭教育在儿童少年成长过程中的重要作用。家长要树立正确的教育观念，培养子女的良好习惯，加强与学校的沟通配合，共同减轻学生课业负担。"

② 心理健康有标准

在今年秋季开学初的家长会上，大河中学的谢校长很严肃地对家长说："当前，青少年心理健康问题是教育界和全社会的热点、焦点，从各方面看，青少年心理健康的情况令人担忧。据有关报道，约有20%的学生具有各类的心理问题，而农村学生占中国学生的半壁江山，学生的心理健康问题更值得关注。希望各位家长配合学校，加强学生的心理健康教育，培养孩子具有健康的人格。"会后，家长们议论纷纷，今年的家长会与以往不同，学校强调家庭教育的目的与任务，在谈到家长帮助孩子学习、提高学习成绩的同时，更强调对孩子的心理健康教育。一些家长还主动咨询孩子的班主任老师：什么是心理健康？孩子怎么做才是心理健康？

智慧树

所谓心理健康，就是一种良好的、持续的心理状态与过程，表现为个人具有生命的活力、积极的内心体验、良好的社会适应能力，能够有效地发挥个人的身心潜力以及作为社会一员的积极的社会功能。心理学研究部门表明，没有绝对心理健康的人，每个人或多或少都会有一些心理上的问题，因此也没有衡量心理健康的统一标准。通常情况下，我们可以参考以下三条标准来判断心理是否健康：

第一，人的心理是否与外界环境相统一。人们正常的心理活动，是与客观环境在形式与内容上相一致的。第二，人们的内在心理与外部行为是否统一，即心理健康的人所表现出来的外部行为与心理是和谐统一的整体。第三，人格是否稳定。人格是人们在长期的生活中所形成的独特个性心理特征的具体体现，包括气质与性格。人的气质是先天的，与体内有何种体液有关；性格是后天在长期生活中形成的，很不容易改变。通常情况下，心理健康的人气质与性格不会发生太大的改变。

动力场

不同年龄阶段的人，衡量其心理健康的标准也有所不同。如何判断青春期孩子心理是否健康呢？家长朋友可以从如下几个方面进行判断：

第一，能正确认识自己。心理健康的青少年自尊、自爱、自重，他们既能客观地评价他人，更重要的是能正确地认识自己、评价自己和把握自己。

第二，有良好的人际关系。心理健康的青少年，有积极、良好的人际关系。能够尊重他人、理解他人，善于学习他人的长处，补己之短，并能用友善、宽容的态度与别人相处。

第三，具有稳定的情绪。心理健康的青少年，在乐观、满意等积极情绪体验方面占优势。尽管他们也会有悲哀、困惑、失败、挫折等消极情绪出现，但不会持续长久，他们能够适

当表达和控制自己的情绪，使之保持相对稳定。

　　第四，智力发育正常。智力是个体观察、领悟、想象、思维、推理等多种心理能力的综合体现，在青少年时期，智力随年龄的增加而提高。

　　第五，具有稳定、协调的人格。健全人格的基本特征是：

相对稳定的情绪状态、坚韧的毅力、灵活的应变能力、强烈的责任感和良好的自制力。

第六，热爱生活。心理健康的青少年热爱生活，能深切感受生活的美好和生活中的乐趣，积极憧憬美好的未来。能在生活中充分发挥自己的潜力，不因遇到挫折和失败而对生活失去信心。能正确对待现实的困难，及时调整自己的思想方法和行为策略以适应各种不同的社会环境。

如果您的孩子在上述几个方面是协调一致的，其心理发展就属于健康水平。如果某几个方面在短时间内出现失调也属于正常现象，经过教育者的心理辅导与自我调整是完全可以恢复的。

启思录

世界卫生组织给"健康"下的定义是：健康不仅是躯体没有疾病，还要具备心理健康、社会适应良好和有道德。

③ 自尊自信又自强

　　赵鑫是一名九年级的学生，家境困难，妈妈年轻时因生病落下了病根，丧失了劳动能力，爸爸农忙时在家种地，农闲时到城里做点零工。赵鑫是个开朗又懂事的孩子，很小就帮助爸爸做家务，还照顾妈妈，哄妈妈开心。赵鑫学习也很努力，学习成绩一直不错。可是，自打上初中后，赵鑫不再像从前那样开朗活泼了，经常闷闷不乐，回避与同学们在一起。原因是赵鑫觉得自己个子太小了，其他同学在这个年龄都在飞快地长高，而自己的身高还不足 1.6 米。别的同学穿着校服都很精神，而自己得将衣服袖子和裤腿挽起来，不仅行动不方便，而且也不好看。赵鑫很伤心，自卑便油然而生，逐渐地，他开始远离人群，不愿意参加集体活动，学习成绩也受到了影响。

智慧树

　　进入青春期，无论是男孩还是女孩在生理和心理上都开始悄悄地发生变化。例如身体迅速发育，体形也开始变化。但是，由于遗传、生理因素及后天环境的影响，有的孩子个子长得很快、很高，有的长得慢些、矮些；有的孩子长得匀称，而有的孩子长得胖些；还有的孩子脸上会长出青春痘；等等。这些本来是青春期正常的生理现象，但处于青春期的孩子由于自我意识的发展，他们对自己的长相和穿着都非常在意，如果因长相问题受到同龄人的嘲笑就会形成自卑心理，进而无法悦纳自己，也怀疑自己被别人看不起，产生了相应的强烈的消极情绪。像赵鑫这样的自卑心理在青少年中很常见，由于青少年时期还没有形成成熟的自我概念，自我评价的标准也经常停留在外部形象方面，因此，青少年经常会因为外在条件不能满足自己的自尊而产生自卑感。

自卑是一种消极的情绪，对人心理的发展具有不良的影响。长期被自卑情绪笼罩的人，会产生怀疑心理。例如，怀疑自己的能力赶不上他人，进而否定自我；怀疑他人与自己交往的诚意，进而远离人群、封闭自我。青少年时期正是自我意识形成的关键时期，严重的自卑感还会使他们的人格扭曲。因此，培养青少年自尊、自信又自强的人格品质非常重要。

动力场

自尊、自信、自强是积极的心理品质，是成才与成功必备的心理品质。但是，这些优秀的心理品质不是与生俱来的，而是在后天的生活、学习和工作中培养起来的。家庭是培养孩子优良品格的第一场所，家长是孩子优良品格首要的培育者。

首先，家长要引导孩子正确地认识和评价自己。既要看到自己的优点，在生活和学习中发挥自己的长处，不断挖掘

自己的潜力，又要接纳自己的不足。通过努力改变那些可以变化的个人品质，如克服自卑，提升自信；不纠结那些不可改变的特征，如出身、相貌等。

其次，当孩子出现自卑心理的时候，家长要引导孩子认清自己的想法。很多时候人的自卑心理都是来源于心理上的一种消极的自我暗示——我不行。家长要多鼓励孩子："你可以的！"还要为孩子提供锻炼的机会，让他们获得成功的体验，增强其自尊心、自信心，力争做一个自强的人。

再次，家长要用榜样人物的事迹激励孩子。例如，古今中外有很多出身卑微、自身生理条件不佳的人，经过自己坚忍不拔的努力，为国家和社会做出巨大贡献。要让孩子明白，一个人能否成为优秀的人，起主要作用的是人的品质与能力。

最后，家长也可以帮助孩子适当改变一下外在形象。例如，换一个发型、节假日换一身有时尚感的休闲装等。这样可以帮助他们改变心情，增强自信。

启思录

人类心灵深处，有许多沉睡的力量；唤醒这些人们从未梦想过的力量，巧妙运用，便能彻底改变一生。

——澳瑞森·梅伦

④ 交往能力要培养

　　小芳是某校高一的学生，中等身材，相貌清秀，性格比较内向，不苟言笑。平时上课很少发言，老师提问时也总是低着头回答，说话声音很小。下课时，其他同学都到操场上活动，她却一个人安静地坐着，若有所思地看着窗外。小芳来自农村，父亲常年在外打工，性格很固执，对小芳要求很严，她小时候经常受到父亲的责骂，平时几乎不与父亲联络。妈妈一个人在家务农，还要照顾年迈的爷爷奶奶，妈妈对小芳没有特殊的要求，只是经常叮嘱小芳少与人来往，以免上当受骗。小芳的生活很单调，几乎没有什么知心朋友。一天，因为一件小事，小芳与邻座的同学发生点儿矛盾，情绪受到很大影响，她既不会与对方沟通交流，也没有倾诉的对象。从此，小芳变得更加沉默寡言，还不时地流泪，以致无法正常学习。

智慧树

　　很显然，小芳在人际交往方面存在一定的问题。这一方面与她内向的性格有关，平时寡言少语，不喜欢与人交流，当与人发生矛盾时不能及时沟通、化解矛盾，只能憋在心里无人诉说，其结果使她愈发内向、孤独。另一方面，小芳的问题也与她的家庭教育方式有关。父亲对她采取强硬、武断的教育方法，父女之间没有亲切、平等的交流；而母亲对她的关注也很少，不鼓励她与同伴交往。这样，小芳形成孤僻的性格，缺乏起码的人际交往与沟通能力。

心理学的研究结果表明：人一生的成长、发展和成功都与良好的人际关系及人际交往能力有着密切的关系。良好的人际关系是维系个体心理正常发展、人格保持健康和生活具有幸福感的必要前提。对于刚刚步入青春期的中学生来说，他们具有强烈的独立意识，心理欲求不能得到满足，经常对现实感到不满意。加上学习、考试的压力，同学之间关系淡薄。因此，在情绪上波动较大，自我控制能力不强，容易烦躁不安。如果他们内心的积怨不能得到及时、合理的释放，就会在认识、情绪及行为上出现异常。

其实，青少年渴望与人交往。但由于交往能力有限、方法欠妥或个性缺陷或存在交往心理障碍，致使他们在与人交往过程中经常感到不尽如人意，很少有成功的体验，往往感到苦闷，内心非常希望改变这种状况。他们感到无助与孤独，甚至产生绝望的念头。

动力场

人际交往是一种能力，也是一种艺术，可以通过学习和训练来加以培养。家长应有意识地培养孩子的人际交往能力。

首先，家长要建立和谐的家庭关系。相互关心、相互理解、和睦相处的家庭关系可以使孩子心情愉悦，愿意与长辈沟通。他们既理解父母对自己的要求，也愿意向父母吐露自

己的心声。在温暖、和睦的家庭环境中长大的孩子，也喜欢与他人交往。否则，家庭成员关系紧张，亲子之间不能正常交流，在这种环境下长大的孩子在与外界交流过程中也会遇到障碍。

其次，家长要为孩子作出榜样。家长不仅要营造和睦的家庭关系，还要善于与外界交往。例如，与邻里之间建立和睦友好的关系；对同事、朋友友好，真诚相待；在社

交场合要有礼貌、谦和；面对不友好的人要不卑不亢、有礼有节；等等。家长与人交往的方式与态度会对孩子产生潜移默化的影响。

第三，家长要鼓励与指导孩子与人交往。青少年时期是人际交往能力发展的关键时期，这一时期形成的人际交往能力直接影响着成人以后的人际关系特点。因此，家长要鼓励孩子与各种类型的人打交道，掌握人际交往的原则和方法。例如，与人交往时面带微笑，礼貌待人；要主动与人交往，热情大方；要学会换位思考，善于合作；当与人发生矛盾时，要善于沟通，以理服人，及时化解矛盾；等等。

启思录

> 建立良好的人际关系，是走向成功的开始。

⑤ 挫折有弊也有利

　　大家都熟知并喜欢的歌手周杰伦从小父母离异，是在母亲的抚养下长大的。他高中毕业后没考上大学，决心当一名歌手。他第一次参加一家电视台的娱乐节目时就演砸了。但他的功底还是被音乐公司老板吴宗宪看中，便邀他进公司做音乐助理。尽管一开始他的部分时间都在帮同事买盒饭、打杂，但他依然坚持音乐创作。可当时他的创作风格并不受人们的喜欢，老板甚至当着人们的面撕掉他的作品，扔进垃圾桶里。周杰伦并没有放弃，反而更加努力，以每天一首歌的速度进行创作。他的举动终于打动了老板，答应找歌手演唱他创作的歌曲。在这个过程中，他依然有过失败。老板又一次对他失望，打算放弃他。最后老板对周杰伦说："我再给你10天时间，如果你能写出50首歌，而我能从中挑选出10首的话，公司就帮你出唱片。"怀抱音乐梦想的周杰伦一头扎进音乐室，通宵达旦地创作，其中的艰辛不言而喻。就这样，10天过去了，周杰伦真的拿出50首歌，而且每首都写得工工整整。就这样，周杰伦走上了音乐的成功之路。

智慧树

　　俗话说，人生不如意事十之八九。人的一生难免会遇到各种各样的挫折，挫折是不以人的意志为转移的生活内容之一。

奥斯特洛夫斯基曾经说过："人的生命似洪流奔腾，不遇上岛屿和暗礁，难以激起美丽的浪花。"生活实践告诉我们，一帆风顺长大的孩子，很难创造生命的辉煌。

青少年时期是人生走向成熟的重要时期，由于生活经历少，在挫折面前难免会产生畏惧和退缩心理，表现为情绪低落或行为退缩，想寻求精神安慰或情感依赖。还有的青少年会出现恐惧心理，拒绝与人交往，易被激怒，甚至有的青少年出现畸形心理，采取报复行为来平衡自己的挫折感，等等。

青少年抗挫折能力较差，与家庭教育有着密切的关系。有些家庭将孩子视为"掌中宝""心头肉"，在困难面前，爷爷奶奶、爸爸妈妈前后护驾，一切包办；在错误面前轻描淡写，放任迁就；在生活面前，有求必应，娇宠溺爱。在"温室""蜜罐"里培养出的孩子，经不起风雨，受不了任何挫折，更谈不上成人之后去承担家庭和社会的责任。

动力场

挫折教育是使孩子受益终身的教育，家长对此必须高度重视。

首先，家长要帮助孩子正确认识"挫折"。在生活中，家长可以经常给孩子讲一些古今中外有成就的人如何战胜挫折的故事，让他们懂得挫折是一把"双刃剑"，虽然会给人带来痛苦和失落，但也可以磨炼人的意志，只有勇敢地去克服困难、增长智慧，才能获得成功。

　　其次，提高孩子抗挫折的能力。当前，许多国家都对青少年实施挫折教育，目的就是使青少年得到磨炼，增强其承受能力。在日本，近年来流行一种叫"饥馑午餐"的做法，即定期向学生供应清汤、萝卜、粟粒煮成的食物，目的是让他们了解父辈的艰苦生活。他们还组织学生参加

夏令营活动，让孩子背着沉重的背包，到草原上走一走，尝尝吃苦的滋味；有时还把孩子放在荒岛上，让孩子们体验饥饿的滋味，学会自己生存。这些方法值得我们去学习。

最后，帮助孩子学会挫折心理的调节方法。当孩子做事遭遇失败时，家长要与孩子一起分析，进行正确归因，找到解决问题的方法。例如："我的不成功是因为我没找到合理的方法，而不是我笨。"家长还可以引导孩子善于发现并发挥自己的长处，为孩子创造成功的机会，增强自我价值感。例如："我虽然学习一般，但我的组织能力很强，同学们都喜欢参加我组织的活动。"正确的归因及发挥自身的优势能提高孩子的自信心与自尊心。

启思录

成长的路上有阳光，有风雨，就看我们如何面对，要学会与命运抗争。

⑥ 男女交往有原则

　　孙凯自上高中以来一直努力学习，在高二时进了提高班，可是高二第一个学期期末考试的成绩却很不理想。看到儿子的成绩下滑得这么快，孙凯的母亲想知道是什么原因。寒假时，母亲与儿子长谈后知道了其中的原因。原来是孙凯喜欢上了班里的女生谢楠，谢楠外语非常好，尤其是口语流畅，发音特别标准。孙凯由开始的敬佩到心生爱慕之情，他想接近谢楠，向她请教学习外语的经验，可生性腼腆的孙凯不好意思开口。越是这样，孙凯的内心就越受煎熬，他上课开始走神，心里想着谢楠的同时，还责备自己不该有早恋的想法。孙凯的学习开始受到自己不良情绪的影响，期末考试的时候成绩明显下降。听到儿子的倾诉，妈妈并没有责怪孙凯，而是对孙凯说："你长大了，喜欢一个优秀的女孩子是正常的。妈妈还挺赞赏你的眼光。你可以大大方方地向她请教学习英语的经验，不要想其他的事情。你也很优秀呀，是通过自己的努力进提高班的。至于向她表达爱情，那是将来的事情，如果你真的很优秀，会有女孩子喜欢你的。"妈妈的一席话，消除了孙凯的自责心理。整个假期中，孙凯和妈妈讲了很多有关学校生活的事情，妈妈都耐心地倾听。到了开学的时候，孙凯的心情放松多了，又恢复到了当初的学习状态。

智慧树

　　心理学研究表明，个体步入青春期后，随着生理的急剧变化，心理也发生着微妙而复杂的变化，如男女同学之间会产生相互吸引的好感，渴望在情感上能与异性进行交流等。异性友情对于青少年来说是非常向往和令人沉醉的，异性交往是青少年人际交往中不可缺少的组成部分。正常的异性交

往对青少年心理的发展有着积极的促进作用。异性交往可以使青少年男女相互影响，取长补短，完善性格。例如，在男生女生交往的过程中，男生会表现出异常的勇敢、担当和自律，而女生则表现为温柔、安静和细腻。这不仅有利于激发各自的潜能，还可以规范各自的行为。因此，异性交往是青少年的正常需要，对青少年心理的健康发展是必要的。

但是，青少年时期由于心理发展还不成熟，自我约束控制能力还不强，容易受一些不良意识和信息的影响，会出现一些非正常的异性交往。这主要表现在两个方面：一是把异性交往看得过于神秘，以致产生不良态度；二是把友情当成爱情，甚至超过正常交往的界线。

动力场

指导孩子掌握异性交往的原则也是家庭教育的组成部分，家长有责任、有义务了解孩子异性交往的情况，并给予正确的指导。

首先，家长要了解和掌握青少年阶段性意识发展的特点和规律，理解青少年时期异性吸引、异性交往是正常的心理需求。家长既不能阻止孩子与异性交往，也不能对孩子的异性交往放任不管，要加以正确指导。

其次，家长要消除对青少年异性交往的误解与偏见。例如："学生的主要任务是读书，与异性交往是长大以后的事儿。""青少年还不成熟，不懂事，不具备与异性交往的条件。""与异性交往会分散精力，影响学习。""与异性交往很容易发展为早恋，使青少年犯错误。""青少年谈恋爱成功率很低，与异性交往没什么好处。""与异性交往是少数学生的行为，好学生不应该效仿。""如何处理异性关系不需要别人指导，到时自然就会。"等等。这些误解和偏见不仅不会产生积极效果，反而会引起青少年的逆反心理。

最后，家长要正确对待孩子的"早恋"行为。当家长发现孩子有"早恋"倾向时，不要武断干涉，要耐心与孩子交流，讲清道理，给孩子以温暖与信任。

启思录

异性交往的原则：公开交往，坦诚相待；适度交往，注意分寸；平等互励，共同提高。

⑦ 休闲娱乐要科学

张迪的妈妈最近很开心，原来一是儿子高考已经结束，孩子、大人都舒了口气；二是儿子做了村里举办的电脑补习班的志愿者，义务教村民学电脑。以前上初中的时候，张迪经常背着父母去网吧打游戏，一玩就是几个小时，不仅影响学习，健康也受到影响，父母没少操心。上高中后，张迪有了很大的进步，不再玩电脑游戏了，而是把玩游戏的兴趣转移到学习电脑知识上，课余时间帮助爸爸上网学习农业科技知识，建立农产品销售网站，家里的收入也因此增加了很多。现在，村里的很多人家都想搞网络销售，把家里的农产品卖出去。村长找到张迪的父母，希望张迪利用上大学前的一段时间帮助村民普及一下电脑知识和技术，张迪及父母欣然应允。一个假期，张迪和另外一名志愿者为村里培训了两期电脑学习班，村民们受益匪浅。

智慧树

对于青少年来说，闲暇是指在完成教育教学计划所安排的及满足基本生存所需的活动之外的时间，青少年在可自由支配的时间内自主安排活动或事务。

科学安排闲暇时间对青少年的成长具有重要的意义。

合理地安排闲暇时间可以使青少年放松身心，调节因紧张的学习带来的疲劳和心理压力，养成健康的心态；合理安排闲暇时间可以培养青少年广泛的兴趣，青少年的好奇心比较强，喜欢探索，他们可以利用闲暇时间满足个人的兴趣爱好，提高生活品位；合理安排闲暇时间还可以使青少年更进一步接触社会、亲近大自然，增长知识，增加人生体验，促进心理的成熟。

但是，青少年的闲暇时间安排依然存在一定的问题。一是缺乏闲暇时间。一般来说，青少年每天至少要有 2 小时的闲暇时间，但从调查数据来看，有两成的青少年完全没有自由支配的时间，近半数学生仅接近或刚好符合最低标准。二是有些青少年在可支配的闲暇时间内以电子游戏为主。调查显示，青少年已成为游戏主力用户之一，而农村留守儿童沉迷游戏的时间则更长。相对简单的社交生活让农村青少年更容易被屏幕里的奇幻世界所吸引，农村青少年成了网络更容易捕获的"猎物"，他们对充满乐趣的乡村生活已经失去兴趣，沉溺于网游世界中。很显然，上述两种倾向对青少年身心的健康成长十分不利。

动力场

科学安排和指导青少年的闲暇时间，家长有着义不容辞的责任。

首先，家长要引导青少年树立正确的休闲意识和科学的休闲价值观。使青少年明确闲暇活动对个人成长和发展的价

值，学会科学制订闲暇生活标准和目标，对自己在闲暇活动中的收获有所预期。

其次，家长要指导青少年学会自觉、有效、合理地安排时间。一是既要满足学习的需要，又要满足休闲娱乐的需要，协调好学习和其他活动的关系，以获得最佳效益。二是培养健康的兴趣爱好，在愉悦中开阔视野、增长知识、陶冶情操，

努力提高自己的审美情趣，使闲暇生活更加充实、美好。三是培养青少年自立自主的意识和能力，学会自我规划、自我管理、自主选择，进一步提高闲暇生活的质量。

最后，家长要为青少年的休闲活动提供保障。一是时间保障，不能一味强调学习而忽视孩子正当的休闲娱乐。二是物质保障，休闲娱乐需要有一定的物质基础，在家庭条件允许的情况下，家长要将孩子的休闲娱乐列入家庭经济支出范围。例如，为孩子购置健康的娱乐设施、每年计划带孩子旅游参观等。三是家长要安排一定的时间与孩子一起参加休闲娱乐活动，这一方面可以增进亲子之间的情感联结，另一方面也便于家长对孩子的休闲娱乐方式进行指导，保证孩子的娱乐活动健康、安全。

总之，健康的休闲娱乐已经成为现代人的一种生活方式，对青少年的身心发展具有积极的意义。

启思录

古人云：一张一弛，文武之道。

⑧ 生命无价要珍爱

    2017 年 6 月 10 日傍晚，一个叫小斯的初中生借同学的手机在 QQ 空间定时发布多条"说说"，每条内容都表现出轻生的想法。6 月 13 日上午，小斯在距家不远处被家人找到。父母在为儿子收拾东西的时候，发现了小斯长达 2800 余字的日记。在这篇日记里，小斯诉说了自己内心的痛苦：从上小学时起，爷爷奶奶对他的奖励是每次得 100 分就奖励一块钱，那时他经常能得到爷爷奶奶的奖励。爸爸妈妈经常争吵，唯独对他的要求很严格。如果考试没有达到他们的要求，妈妈张嘴就骂，爸爸举手就打，且不许他为自己争辩或说明理由。处于青春期的小斯，对父母的教育方式很痛恨，他变得越来越叛逆。最近的一次考试，小斯化学只答了 73 分，他在电话中告诉了妈妈，妈妈却忽视安慰小斯。父母以为儿子只是与他们赌气，直到发现儿子有轻生的想法，他们才意识到，原来他们和儿子之间一直存在着深深的鸿沟。

智慧树

    据统计，我国每年约有 25 万人死于自杀，自杀未遂的人数约为 200 万。自杀已经成为我国人群第五大死因，是 15 岁至 34 岁的青壮年人群的重要死因。近年来，我国频频有关于青少年自杀的报道，其原因大多与青少年自身的特点、家庭教育和学校教育有关。

青少年时期是个体从不成熟向成熟发展的过渡期，生理的迅速成熟与心理发展的滞后造成他们身心发展的不平衡。由于社会经历少，他们抗挫折能力还不强，当压力来袭时，没有应对的方法和策略，就会采取极端的方法与手段逃避困境。同时，青少年自杀与家庭因素也有很大的关系。例如，家庭成员关系紧张、父母关系破裂、孩子没有幸福感与安全感，心情压抑。还有些父母对孩子采取简单粗暴的教育方式，要求过高，当他们遇到挫折时得不到来自父母的关爱，于是就出现孤独、无助、冷漠、暴躁等情绪，进而产生厌世心理。从学校的角度分析，学业压力过大，同伴关系、师生关系紧张等，都是导致青少年自杀的外部原因。

动力场

家长是子女教育的第一责任人，珍爱生命、预防青少年自杀应从家庭教育入手。

首先，家长要营造温馨的家庭环境。温馨的家庭环境及家庭成员之间和谐友爱的关系，是青少年健康成长的"摇篮"。当青少年面对压力和挫折时，如果能够得到来自父母及家人的心理支持，就能减轻因压力和挫折带来的焦虑和抑郁，从而能正确对待失败。因此，父母应该成为孩子的坚强后盾。

其次，家长应对孩子提出合理的期望和适度的要求。家长对孩子的期望与要求要符合孩子的实际能力，应在满足他

们兴趣爱好的前提下采取鼓励和积极暗示的方法，充分调动孩子的主观积极性，使他们的潜能得到充分的发挥。家长还要认识到人的个性差异，要根据孩子的个性特点进行因材施教。

最后，家长要对孩子进行挫折教育和珍爱生命的教育。在日常生活中，家长要让孩子正确认识挫折：挫折可以使人

受到打击，也可以使人积累经验，增长智慧。同时，家长还要教育孩子珍爱生命。家长要让孩子了解，人的生命是十分脆弱的，人的一生仅仅有几十年的时间，在这短暂的生命中，有太多的事情要做，不能因一时的冲动，导致自己的身体受伤害甚至丧失生命，要用有限的生命创造美好的未来。

启思录

　　有了生命，才能有理想与希望；有了生命，才会有快乐与悲伤；有了生命，才能有对于生命的珍爱。世界上有许多东西可以重复，岁月可以重复，季节可以重复，唯有生命一去不复返。

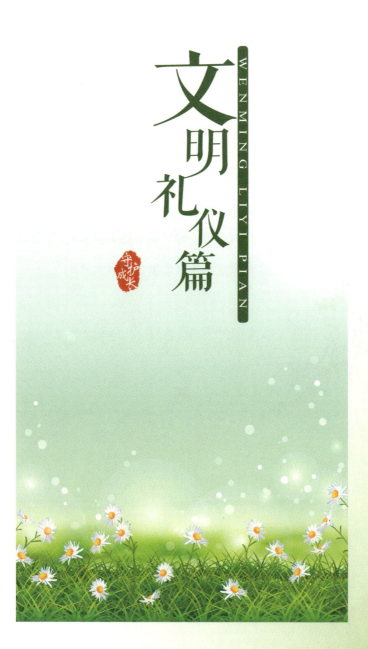

文明礼仪篇

WEN MING LIYI PIAN

守护成长

诚实守信、举止文明、谦和礼让、仪容端庄、助人为乐、相互尊重是良好家风的重要标志，家风对子女的影响正如习近平总书记所说："积善之家，必有余庆；积不善之家，必有余殃。"

① 树立文明好家风

上岗村的郝家被村里推荐到县里参加"文明家庭"的选举活动，一家人非常高兴。郝家三世同堂，是一个和睦的家庭。爷爷老郝是名老转业军人，当年在部队抗洪抢险时曾立过三等功；奶奶是个古道热肠的老人，经常帮助街坊邻里；儿子大郝和儿媳小梅靠农业技术致富，是村里的致富带头人；孙女郝苗和孙子郝壮一个上九年级、一个上四年级，在学校都是好学生。郝家在十里八村都很有名气，在推举参加县里举办的"文明家庭"活动中，全村百姓一致同意郝家参加评选。

智慧树

我国素有树立良好家风的传统，古代流传下来的家训大都是针对家风建设论述的，许多已经成为经典。例如，周公旦的《诫伯禽书》、司马谈的《命子迁》、诸葛亮的《诫子书》、颜之推的《颜氏家训》、李世民的《诫皇属》、包拯的《包拯家训》、欧阳修的《诲学说》、袁采的《袁氏世范》、朱熹的《朱子家训》、李毓秀的《弟子规》等，不胜枚举。

家风是一种综合的教育力量，它是思想、生活习惯、情感、态度、精神、情趣及其他心理因素等多种成分的综合体。如语言环境、情感环境、人际环境、道德环境等。

家是青少年成长的第一空间，在孩子身上处处会烙有家风的印记。家风是一种潜在无形的力量，在日常的生活中潜移默化地影响孩子的心灵，塑造孩子的人格，是一种无言的教育、无字的典籍、无声的力量，是最基本、最直接、最经常的教育，它对孩子的影响是全方位的，孩子的世界观、人生观、性格特征、道德素养、为人处事及生活习惯等，每个方面都会打上家风的烙印。可以说，有什么样的家风，就有什么样的孩子。

每个家庭的"家风"可能不尽相同，但是积极、健康、正面的"家风"，却可以对家庭成员在个人修养、品德操守等方面产生重要而积极的作用。相反，如果一个家庭的"家风"不正，那么生活在这个家庭中的成员，其个人品行、道德操守就可能会出现问题。

动力场

众所周知，良好的家风是子女健康成长的必要环境。古往今来，无数教育子女成功或失败的案例，无一不与家风有关。身为家长要为建立良好家风如何做呢？

首先，家长的一言一行对子女都有潜移默化的影响，构建良好家风的第一步则是家长自身的改变。家长的思想、观念、态度、行动的认识和体现是至关重要的。家长以身作则，养成良好的行为习惯、加强自我学习、提升自身素质，最重要的是要做到言行一致。有些家长在外面是一副面孔，而回

到家则是另外一副面孔；在有监督的情况下能守规则，而在无人监管的情况下却不能"慎独"，这对孩子的影响无疑是恶劣的。正所谓"言传身教""耳濡目染"，父母的所作所为就是孩子学习与模仿的对象。

其次，家风建设要凝聚家庭的力量。良好家风的形成绝非一朝一夕之功，需要几代人不懈的熏陶与积淀。父母应该加强教育，反复训练，注重培养，使之成为每个成员的自觉意识和行为；要有意识地去培育。例如，家庭成员之间以礼相待，不仅仅是父母与孩子之间要做到相互尊重，整个大家庭中的

文明家庭

所有成员都要做到彼此之间相互尊重，形成以礼相待的风气。良好的家风还要传承下去，教育会影响一代又一代的人。

最后，学习中国优良传统文化，领会社会主义核心价值观的内涵是形成优秀家风的必经之路。中华民族在五千多年的历史发展中，形成了许多优秀的家庭文化；社会主义核心价值观是新形势下公民必备的基本素养。领会社会主义核心价值观的内涵以作为良好家风的标杆，融入中国优良传统文化以加深良好家风的底蕴。

启思录

> 积善之家，必有余庆；积不善之家，必有余殃。
>
> ——习近平

② 诚实守信是美德

老丁是村里的种菜能手，他种蔬菜用的肥料和农药都是按照国家规定的剂量，绝不超标。因此，他种植的蔬菜有很好的客源，供不应求。老丁的经济收益好了，也想为乡里做点儿贡献。两年前，他决定为乡里的养老院以市场最低价供应蔬菜，而且保质保量。老丁的举动受到了上级领导和乡亲们的赞扬，就连上初中的儿子也为爸爸的举动感到自豪。今年赶上暑期高温少雨，蔬菜产量受到很大影响，市场蔬菜价格高居不下，许多农户把蔬菜运到城里，都卖上了好价钱。而老丁家每天要低价卖给养老院几十斤新鲜蔬菜，一天下来要损失百十来块钱，老丁媳妇建议老丁每天给养老院挑拣一些质量一般的蔬菜，这样损失能少一些，老丁也有些动摇了。晚上儿子放学回家，老丁把自己的想法对儿子讲了，不料儿子特别激动，坚决反对父母的做法，批评他们不讲诚信，还给他们讲了有关诚信的故事和意义。老丁夫妇一方面为自己的想法感到很惭愧，另一方面也为儿子感到骄傲。于是，老丁夫妇一如既往地为养老院提供物美价廉的新鲜蔬菜。

智慧树

诚信是立身处世之本。"诚"就是指诚实、真诚，即待人真诚、办事有信誉，不欺人骗人，为人处世光明磊落、坦坦荡荡。"信"指守信，也就是"言必行，行必果"，要讲信用。"诚信"即诚实信用，可以取信于人，同时又给予他人信任。

青少年时期是人生观、价值观形成的关键时期，也是进行诚信教育的最佳时期。诚信教育就是帮助受教育者内化自己的心理品质，培养诚信意识，树立诚信信念，并促使受教育者将诚信教育转化为自己外在行动的活动。对于青少年来说，诚信准则意味着刻苦踏实、实事求是，遵守法律及学生行为规范，不做任何不诚实的事情。

在青少年品格形成的过程中，家庭教育起着奠基的作用，父母的诚信品质对孩子有耳濡目染、潜移默化的影响。教育家马卡连柯曾说过："家庭是人生最重要的地方，在这里，人初次向社会迈进。"家庭是社会的细胞，家长对子女的诚信教育具有重要意义，不可或缺。

动力场

家长如何培养孩子的诚信品质呢？

首先，家长要营造出民主的家庭氛围。温馨、和睦、民主的家庭环境是养成孩子诚信品质的良好氛围，是培养孩子诚信的基础。同时，父母要学会正确运用表扬、鼓励以及惩罚手段。例如，当孩子有过错，能如实向父母坦诚说明，并勇于承认错误时，家长一方面要对孩子的错误进行批评，让孩子明辨是非；另一方面要对孩子勇于承认错误的行为给予

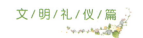
表扬和鼓励。切勿用简单粗暴的打骂或者体罚的方式进行教育，这不仅无助于孩子诚信品质的养成，还会有害其自尊心和人格的健康发展。

其次，家长要以身作则、言行一致。孩子在很多方面是以父母为学习对象的，尤其是日常生活中的为人处世、待人接物，是孩子学习和模仿的主要内容。在道德教育上，父母

扮演了榜样的角色。例如，父母如果在一些看似小事的问题上不信守承诺，认为没什么了不起，孩子就会效仿。父母需要牢牢记住，无论大事小事，都要做到诚信，以身作则，这样才能成为好的榜样。

最后，家长要对孩子的行为规范作具体要求。教育孩子诚实、守信，光凭讲道理是行不通的，必须要有行为规范的具体要求，通过严明的纪律来约束孩子。针对孩子的实际情况，家长可以提出"可以与不可以"的具体要求，比如不可以说谎，答应别人的事情一定要做到，等等。"少若成天性，习惯成自然"，孩子养成诚信的好习惯，那么诚信的品质自然就会形成。

启思录

将诚信融入自身，可使人格熠熠生辉；将诚信融入社会，可使国人其乐融融；将诚信融入民族，可使国家实现复兴。

③ 言谈举止要得当

　　李涵的表姐在城里一家公司的人事部工作，主要负责公司员工的招聘与培训工作。表姐端庄大方，言谈举止很优雅。李涵问表姐："你是不是因为长得漂亮才有这么好的工作机会呀？"表姐笑着告诉她："现在的用人单位要考核一个人的综合素质，如职业道德、个人能力、心理素质等。光有靓丽的外表还不行，在工作中，言谈举止等个人修养是一个人最好的名片，这些对于一个人的职业生涯也具有重要的意义。"听了表姐的话，李涵很受启发，她决心向表姐学习，不断提升自己的人格品质。

智慧树

　　良好的礼仪习惯是一种资本，可以转化为一个人内在的性格、情操，将影响一个人一生的发展。得体的言谈举止，是每一个向往成功的青少年必修的一门课，一个人的言谈举止不仅反映了文化教养和道德修养水平，同时也体现了与他人交往的诚意。

　　言谈是人们为了某种目的在一定的语境中以口头形式运用语言的一种活动。言谈礼仪是指人们在交谈中所应注意的言语上的礼节。一般来说，它集中在礼貌语言的使用和谈话时的表情及声音上。例如，态度要诚恳、亲切，声音大小要适宜，语调要平和沉稳，多使用敬语。

举止是人们在日常交往时所做出的形体上的姿态。举止礼仪是指人们在交谈中所应注意的体态上的礼节。一般包括谈话姿势、立姿、坐姿等。

言谈举止是一个人精神面貌的体现，所以要注意个人的言谈举止，要开朗、热情，让人感觉随和亲切、平易近人、容易接触。

动力场

父母应从"言谈"和"举止"两个方面对孩子进行礼仪教育。

"言谈"教育。言谈可以视为日常生活中的一门艺术，是个人礼仪的一个重要组成部分。根据青少年学生生活特点可以从以下三方面对其进行教育与纠正。首先，在日常交谈中，要保证自我态度诚恳、大方，做到语言准确，多使用礼貌用语，保持口语流畅。在不同的场合选择适当的话题，掌握说话分寸，适当的时候要学会委婉表达。其次，在电话交谈中，打电话前先想好要讲的内容，打电话时保持态度友好，学会控制音量。最后，在网络时代，网络通信是青少年的重要交流手段，在网络交谈中同样要注意谨言慎行，在使用邮件时注意礼貌规范，在平台上发表看法时更要注意语言和表达方式，时刻牢记在网络上的一言一行都代表着自己的想法、看法，自己要对自己的言行负责。

"举止"教育。家长应严格要求孩子从小事做起，在细

节上注意。例如，落座的时候动作要轻盈、和缓、从容自如。一般来说，从椅子的左边入座是一种礼貌。落座后，臀部至少要坐满椅子的三分之二。落座后要保持身体正直，头平正，不可歪斜肩膀，含胸驼背，正式场合不可以将头向后仰。要求男孩儿走路要表现出矫健稳重的阳刚之美，女孩儿则应表现

公共场合
禁止喧哗

出轻盈优美的娴雅之美。无论是男孩儿还是女孩儿，都要站有站相、坐有坐相。在手势方面，家长也要要求孩子适度适宜，不要当众搔头发、掏耳朵、抠鼻子、咬指甲、手指在桌子上乱写乱画等。青少年时期正是长身体的时期，正确的行、走、坐、卧姿势，对身体的发育十分重要。同时，青少年时期也是行为习惯的形成时期，端庄优雅的举止是个人修养的重要体现。

　　家长也要给孩子做出良好的榜样，在社会交往中做到言谈文明、举止优雅。有些家长平日里与孩子交流时大声大气、言语粗鲁，衣冠不整、举止不雅，这无疑会给孩子带来不良影响。家长可以与孩子相互鼓励、相互监督，在日常生活中说文明用语，行文明举止，做文明公民。

启思录

　　相貌的美高于色泽的美，而秀雅合适的动作的美又高于相貌的美，这是美的精华。

——培根

④ 待人接物有礼貌

一个年轻的商人曾经与其他一些企业界人士一起约好与香港著名的商人李嘉诚先生吃饭。按他所想，依照李嘉诚先生的身份，他们几个自然是晚辈，出于礼貌，几个商界新人想早些来到酒店等候李嘉诚先生。可是出乎大家意料，在走近酒店电梯准备上楼的时候，李嘉诚先生竟然已经等在电梯门一侧了，随后，他把自己的名片逐一发给大家，走进房间与大家一起落座吃饭。席间，李嘉诚先生在四桌酒席上每桌都不多不少坐了15分钟，让大家都感到被尊重。这个年轻的商人不无感慨：李嘉诚先生不愧是商界名流啊，待人接物是如此讲究礼节、礼貌！

智慧树

待人接物，词典中解释为跟别人的往来接触。而这简简单单的几个字，却是我们每个人值得一辈子学习和研究的。很多在事业上成功的人士之所以在人生的道路上顺风顺水，其原因并不仅仅在于他们的聪明、勤奋、懂得多少方法与手段，而在于他们懂得什么叫尊重，什么叫真诚，怎样待人接物恰如其分。正如李嘉诚先生说过的一句话：你必须诚信待人，才会被以诚相待。

待人接物有三个基本原则：尊重他人、热情待人、真诚做人。尊重他人，这是一切礼仪的核心，若你希望得到别人的尊重，首先要学会尊重他人，这是待人接物的一个重要原则；热情待人，热情来源于自身对生活的热爱，若心中充满着这份热爱，在与人交往的过程中就会通过你的一举一动、一言一行流露出来，传递和感染他人，使得他人愿意与你在一起；真诚做人，真诚的人是实实在在的，不虚伪，会欣赏与感激他人，这是择友的重要标准，同样也是做人与待人接物的重要准则。

教会待人接物是促进青少年社会性发展的一条重要途径。青少年只有在与同伴、成人的交往互动中，才能学会在平等的基础上协调好各种关系，才能正确地认识和评价自己，形成积极的情感，为将来进入社会，更好地适应社会生活打下基础。在待人接物中遵循礼仪，会使人变得优雅可亲，给人留下美好的印象，更容易被人接纳，也有利于办成事情。如果不讲礼仪就可能伤害别人，也会使自己难堪，甚至无法适应社会。所以学习待人接物的礼仪，对青少年的发展十分重要，应该从小抓起。

动力场

父母应该怎样教育孩子待客、做客与接物呢？

首先，最重要的是要让孩子知道，自己虽身为未成年人，但也要学会以主人身份招待客人，并且在整个待人接物的过程中要做到尊重、热情与真诚，这是待人接物礼仪

的核心。

　　其次，待客时要注意的基本礼仪。例如，有人敲门时，作为主人应到门口相迎；客人进屋时，应起立热情迎接，帮助客人放衣物，请客人在合适的位置落座；如果在吃饭时来客人，要热情邀请客人共同进食；如果不是吃饭时间，

要为客人准备茶水、水果等；客人离开时要送客人到大门外，或者送客人一段距离，说"再见"或"欢迎再来"。

再次，做客时要注意的基本礼仪。做客前选择主人方便的时间，最好事先约定；进入室内之前应敲门，未经允许，不可闯入；若遇主人有事，应速离去；未经主人允许，勿随意翻弄主人家中物品；交谈时礼貌回应，注意姿态要适当、自然。

最后，接物时要注意的基本礼仪。例如，当对方双手递过物品时，必须双手接过来，同时说一句符合当时的情景的礼貌用语；当对方是站立或者欠身将物品递过来时，必须要站立起来或欠身接过物品，以示对对方的尊重。

启思录

子张问人于孔子。孔子曰："能行五者于天下，为仁矣。"请问之。曰："恭、宽、信、敏、惠。恭则不悔，宽则得众，信则人任焉，敏则有功，惠则足以使人。"

——《论语·阳货》

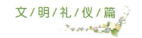

⑤ 公共场所讲礼仪

　　司机王师傅讲述了他开车的经历：有两所学校先后组织学生乘车参加野外体能训练。在乘坐大巴时，第一所学校的学生上车后迅速找到自己的座位坐好，乘车过程中所有学生都遵守纪律，没有人嬉笑打闹、吃零食，学生们自发组织起了拉歌，伴随着欢快的歌声，欣赏着沿途的美景，司机师傅、老师和学生们一同度过了短暂而美好的行车时光。第二所学校的学生，上车后为了抢座位而争吵，行车过程中大声吵闹、吃零食，下车后车里一片狼藉，司机师傅很是气恼。前后两所学校学生的表现，给司机师傅留下了深刻的印象，而且形成了鲜明的对比。

　　两所学校学生的不同表现，从现象上看反映的是两所学校学生的管理不同，与学校的文明教育有关系，但是，从根源上分析，与家庭的文明礼仪教育也不无关系。

智慧树

　　公共场所是人们生活不可缺少的重要组成部分，公共场所的文明礼仪与每个人息息相关。公共文明礼仪不仅关系到个人的文明与安全，也是一个组织、一个民族，甚至是一个国家的文明标志。因此，无论是个人礼仪修养的加强，还是国家文明水平的提高，都应从公共场所的礼仪开始。公共场所礼仪要注意三点要求：不干扰他人，维护公共秩序，保持公共场所整洁与公共设施完整。

首先，在公共场所做到不干扰他人。公共场所是共有的，并不是私人领地，我们的一举一动都要考虑到他人的存在，每时每刻都要注意不给他人带来不便甚至干扰、侵犯他人。例如，虽然公共场所是共有的，但是别人先占据的位置的暂时使用权归那个人所有；在公共场所时注意说话声音要轻、走路要轻、开关门要轻，养成轻声的习惯，尤其是在图书馆、阅览室、剧场等地方；在公共场所，我们都希望目之所及都是美丽、文明的，所以我们还要注意自己的仪容仪表和穿着，以及约束我们的言行举止，不做有伤大雅的举动。

其次，遵守公共秩序，维护公共场所和谐。例如，排队就是公共场所文明的重要标志，交费时、候车时应依次排队、依序而行，这是对先来后到秩序的自觉遵守，也是避免纠纷、冲突的必要手段。

最后，保持公共场所的清洁卫生、保持公共设施的完整。干净整洁的公共环境，为我们的休闲娱乐提供了舒适与方便，我们不仅有权享受，更有责任去维护。公共设施是提供给所有人的一种"服务"，方便了大家的生活。对社会公共物品的维护、爱惜，是每一个公民的义务和责任。

动力场

个人在公共场所的行为举止，反映了这个人的素质与教

养，是一个人从小接受的教育的体现。所以公共场所礼仪的培养要从家庭教育抓起。如何培养孩子的公共场所礼仪呢？身为家长要从以下三个方面着手。

首先，公共礼仪的教育。对孩子的礼仪教育既要宣传文明礼仪对个人形象、社会的重要性，提高其思想认识，更要

讲授具体场合的文明礼仪规范，让孩子们知道怎样做才是正确的、有礼的，才是受人尊重的。

其次，自律意识的培养。公共场所的礼仪主要靠大家的自律，正是因为每个公民做到公共场所的自我约束，才能够形成和维持公共场所的礼仪，所以重视孩子自律意识的培养是重中之重。父母要做的就是帮助孩子养成公共场所的自我约束能力。

最后，做好监督与规范。孩子养成良好的文明礼仪习惯需要家长们的时刻监督与规范。当孩子的行为是合适的时候要给予肯定和表扬，当其行为是不当的时候要及时地矫正，这样才能帮助孩子真正掌握公共文明礼仪。

启思录

个人在公共场所的举止往往是其礼仪修养的真实写照，而国民在公共场所的举止往往是一个国家文明程度的真实反映。

⑥ 仪容仪表要讲究

在古代，流传着这样一则故事：一天，一个衣冠楚楚的中年人走进饭店，要了酒菜，吃完摸摸口袋发现没有带钱，便对老板说："店家，今日忘了带钱，改日送来。"店老板连声说"不碍事，不碍事"，并恭敬地把他送出了门。这个过程被一个无赖看见了，他灵机一动，也大摇大摆地进了饭店，要了酒菜，吃完后也装模作样地摸了一下口袋，对店老板说："店家，今日忘了带钱，改日送来。"谁知店老板脸色一变，揪住他，不让他出门。无赖不服，说："为什么刚才那个人可以记账，我就不行？"店老板说："人家吃饭，筷子在桌子上找齐，喝酒一盅盅地筛，斯斯文文，吃罢掏出手绢擦嘴，是个有德行的人，岂能赖我几个钱？你呢？筷子在胸前找齐，狼吞虎咽，吃上瘾来，脚踏上条凳，端起酒壶直往嘴里灌，吃罢用袖子擦嘴，分明是个居无定所、食无定餐的无赖之徒，我岂能饶你？"一席话，说得无赖哑口无言。

智慧树

仪容仪表，即人的外表，包括容貌、举止、姿态、风度等。一个人的仪容仪表不但可以体现他的文化修养，也可以反映这个人的审美趣味。穿着得体，不仅能赢得他人的信赖，给人留下良好的印象，而且还能够提高与人交往的能力，为以后人生的发展创设良好的机遇。相反，穿着不当，举止不雅，往往会降低身份，损害自己的公众形象，给人留下不好的印象。

一个人的仪容仪表必须符合他的年龄特征、身份、职业要求以及特定场合。青少年的仪容仪表要符合中学生的身份和特点，在追求美上要讲究科学、合理。要培养审美，养成正确的审美价值观。穿戴整洁、朴素大方、美丽端庄，符合中学生的身份。只有这样才能让自己的仪容仪表达到最佳的和谐，才可以得到社会或群体的普遍认可和接受，才能使自己真正变得更美、更靓。

仪容仪表同样也是学生精神面貌的外在表现，不但能展示学校的校风和形象，还反映了学生的家庭教育、道德修养、文化水平、审美情趣和文明程度。良好的仪容仪表是尊重对方、讲求礼貌的具体表现。

动力场

青少年的仪容仪表与家庭教育有着直接的关系，家长要注意指导孩子仪容仪表的修饰。

首先，家长要教育孩子学会正确地修饰仪容仪表。例如，仪容的修饰要注意四点：其一，仪容要干净。要勤洗澡，面部、脖颈、手应时刻保持干净。其二，仪容应整洁。即整齐、洁净、清爽。要经常换洗衣服，避免身体有异味。其三，讲究卫生。注意口腔卫生，早晚刷牙，饭后漱口，指甲要常剪，头发按

时理，不得蓬头垢面。其四，仪容应当简约。青少年的仪容既要注意修饰，又忌讳标新立异。仪容简单朴素、斯文雅气，给人以美感，能赢得同学们的信任与欢迎。相较之下，将仪容修饰得花里胡哨、轻浮怪诞，是非常不恰当的。

其次，要告诫孩子仪表的修饰应遵循三个原则：其一，适体性原则。仪表修饰应符合青少年的年龄特点，并与自身的性别、容貌、肤色、身材、体形、个性、气质等相适宜。其二，时间、地点、场合原则。作为学生，在学校时应与学校校规相协调。放假时，仪表修饰可因时间、地点、场合的变化而

做出相应的变化。其三，适度性原则。对于青少年学生来说，仪表修饰应把握分寸，自然适度。

最后，家长要为孩子树立榜样。孩子的仪容仪表在很大程度上受家长的影响，如果家长衣着整齐，干净利落，平时注意饮食和锻炼，体态匀称，而且在不同的场合行为得当，待人接物表现出很好的修养，孩子无形中也会受到良好的熏陶。

启思录

面必净，发必理，衣必整，纽必结，头容正，肩容平，胸容宽，背容直，气象勿傲、勿暴、勿怠，颜色宜和、宜静、宜庄。

⑦ 助人为乐好风尚

　　据报道，青县曹寺中学学生刘晓，三个月大时被诊断为先天性脊柱裂，虽然已经进行了四次手术，可病情仍在恶化，他的足部严重畸形，已经不能走路了。从小学一年级开始，同班同学吕希庆便背着他上下学，帮他上厕所、交作业、打饭打水。八年来，吕希庆已成为刘晓离不开的"双腿"。"开始我们都以为他们是兄弟。"吕希庆的同学这样说，"知道他们只是同学后，我们都对吕希庆肃然起敬。后来我也抢着背过刘晓，但我们都比不上吕希庆！"在同学眼中，吕希庆是助人为乐的典型，年年被评为"校园雷锋"。不只对刘晓，吕希庆对身边的人也是热心肠，只要同学有困难，他都会伸出友爱之手。吕希庆说："这些都没什么，我只是做了应该做的事，只是做了自己喜欢而又力所能及的事。"

智慧树

　　助人为乐是我国传统文化的闪光点，也是一种高尚的道德品质。助人为乐，是正直善良的人怀着道德义务感，主动去给他人以无私的帮助，并从中感到快乐的一种道德行为和道德情感。同样是帮助人，但不同的人，助人的动机不尽相同。只有真正出于对他人的同情、关心，把别人的困难当作自己的困难，满腔热情地去帮助解决，并从中感受到快乐，才是助人为乐。

这种"乐"是无私的，是与他人的"乐"融为一体的，因而也是高尚的。

一个人，在助人为乐的道德实践中，会自然地使思想道德境界得到升华。要做到助人为乐，首先要树立正确的快乐观，把为他人谋福利当作自己的义务和快乐；其次，要树立正确的处世观，遇事要设身处地地为他人着想；最后，要树立正确的知行观，到社会中去锻炼、去实践，在千百次的实践中去铸造自己良好的道德品质。

动力场

培养青少年助人为乐的好品德是家庭教育的重要内容之一，家长应教育孩子树立如下几个方面的观念：

首先，树立"与人为善"的快乐观。与人为善是中华民族的传统美德，是助人为乐的基本前提。与人为善，包括善心和善行两个层面。善心是善行的内在动力，善行是善心的外在表现。生而为人，应该对他人始终怀着善心，处处善待别人，事事与人为善，以助人为荣，这是做人的基础，是做合格公民的前提。

其次，树立"乐善好施"的快乐观。乐善好施，指乐于行善，喜欢施舍，助人为乐。这种品德不仅是公民个人道德修养的标志，而且是奉献精神、牺牲精神等更高道德境界的基础。要乐善好施，把帮助别人作为自己快乐的事，服务他人，奉献社会，毫不利己，专门利人。

　　再次，树立"雪中送炭"的处世观。俗话说："锦上添花不如雪中送炭。"人们常常用"雪中送炭"来比喻和形容扶危济困的善行美德。关爱贵在真情，帮困重在急需，中华民族有许许多多扶危济困的感人故事，他们以极其真切的关心和同情，给那些处于危难和困顿之中的人们送去了温暖，

提供了最为需要的救助。因此，要做到助人为乐就先要学会雪中送炭。

最后，树立"不求回报"的处世观。雷锋一生做了不计其数的好事，但他却从不留名，不图任何回报，全心全意为人民服务，他把助人视为一种职责、当成快乐，雷锋精神的真谛就是"不求回报"的无私品德，他的生命体现了人生最高价值。要把在自己力所能及的范围内尽自己的全力去帮助别人，使别人摆脱困境、脱离危险，当作自己应该做的。只有真诚地帮助他人，不求回报，才能体会到那种纯粹与踏实，同时，这也是助人为乐的最高境界。

启思录

帮助他人就是一种幸福。弯下身子帮助他人站起来，这就是对心灵最好的锻炼。

⑧ 男女交往互尊重

　　有一次，上八年级的小东在走廊里追足球撞倒了同班女生小媛，小东扶起小媛，小媛微笑着对小东说："没关系，但是下次不要在走廊里玩耍了，这是违纪的。"小媛大大的眼睛和甜美的微笑让小东脸红心跳，从此，他们成了好朋友。小东顽皮，总是惹出小麻烦，小媛则经常劝说小东，可是时间长了劝说就变成了说教。期末将近，小东拿着球和其他男同学准备去踢球，小媛看到后说："小东，期中考试你就因为贪玩考得那么差，马上要期末了，你怎么又去踢球？不怕又考砸了回家挨骂吗？"在其他男同学的目光下，小东觉得非常没有面子，于是狠狠地说："我的事，你管得着吗？"事后，小东非常苦恼。他虽然不喜欢小媛的"说教"，但是发现自己好像很喜欢小媛，脑海里经常浮现小媛的微笑，很怕小媛再也不理会自己。小东内心很纠结，不知道怎么办才好。

智慧树

　　青春期是个体性意识发展的萌动时期，青少年有了异性吸引的心理，希望得到异性同伴的关注。随着年龄的增长，男生和女生在生理与心理上的差异越来越明显，女生变得更为敏感细腻，男生则会努力表现出像个男子汉。但是，他们还不知道如何得到异性同伴的好感。例如，男生经常表现出淘气、鲁莽甚至故意欺负女生，以引起对方的注意，而女生则以羞涩、夸张的表情来引起异性同伴的关注。正是因为男女生之间的差异，导致中学生在异性交往之间容易产生问题。男生与女生在看待同样一件事情的时候，无论是内心想法还是外在表现都是不一样的，这个时候如果不注意对方的感受，只顾自己的想法，就会出现冲突。

青春期异性交往心理的发展和变化呈现出三个阶段：异性疏远期、异性接近期和恋爱期。好奇和微妙的情感常常影响他们的学习与生活。这个时候要注意男女生彼此间的交往程度，不回避异性间的交往，同时也要避免交往过密。青少年异性交往是其适应社会、认识世界和自身的一种不可缺少的方式。男女生之间的正常交往有利于丰富人际情感，促进其性格发展和智力发育，也有助于自我完善。

动力场

面对青春期性意识的发展和变化，家长要对孩子的异性交往加以指导。

首先，在认知上，家长要帮助孩子认识到男女间的差异，了解青春期男生女生在生理和心理上的变化。要让孩子正视身心变化，不因懵懂而逃避自身的变化，让他们懂得男女生之间存在的生理和心理差异。

其次，家长要让孩子明白男生与女生在思考同一件事情

时思维模式是不同的，其内心体验和外在表现也是不同的。女生更加温柔、细心、关爱他人；男生更加坚强、勇敢、富有责任心。所以，在遇到同一事情时，要学会从异性的角度来思考，理解异性的思维方式与处理模式，照顾对方的感受，做到"换位思考"，这样就能避免异性交往间的冲突，并学会彼此尊重。

再次，家长不应对孩子的异性交往有过多的担心和过分的限制，如果孩子与异性接触过密，要选择用正确的方式引导、疏导和教育，鼓励孩子大方地与异性交往。当男女生交

往过程中出现敏感问题时，如对异性有好感，家长的处理方法不应是回避、拒绝、阻止，而应积极面对。

最后，作为家长要鼓励孩子多参加集体活动，培养其正确的交往态度和健康的交往意识，使孩子在与异性同学交往的过程中做到互补、互学、互助，这样才有助于孩子的身心健康发展。

启思录

集体中正因为有了男生、女生，生活才丰富多彩。如果希望男女同学愉快相处，就要留意异性同学的闪光点，用欣赏的眼光去看待对方。这样，大家才会感受到被人欣赏的快乐。

守法篇

SHOUFA PIAN

篇

家长要和孩子共同学习，认同和尊重法律，并笃行法律，从而树立法律权威，自觉遵守法律，抵制违法行为，诚实面对法律。

① 法律面前要诚实

　　大刘的儿子宁宁是七年级的学生，性格开朗，乐于助人，平时诚实守信，老师和同学们对他的评价很高。今年中秋节，宁宁给爸爸上了生动的一课。事情是这样的：大刘决定在中秋小长假和双胞胎弟弟一家结伴出游，在弟弟开车感觉有些劳累的情况下，大刘当起了大家的司机，但他并没有驾驶证。虽然儿子极力劝阻，但大刘并没有改变主意。在即将驶入高速时，他们遇到了交警对车辆进行的安全检查。大刘出示了其弟弟的驾驶证，由于兄弟俩长相相近，警察并没有怀疑，但宁宁对交警说出了实情。大刘因无证驾驶机动车，缴纳了行政处罚罚款 1500 元，因悔过态度良好没有被行政拘留。事后大刘很惭愧，他说平时还是挺注意对孩子进行诚信和遵纪守法教育的，这次确实是自己错了，没有给孩子做出榜样，并对儿子做出了诚恳的道歉。

智慧树

　　在生活中，有很多成人都或多或少地出现过与案例中大刘的类似行为，虽然受到了法律的制裁，但在法律面前不诚实的行为将会影响孩子的一生。

　　成人在法律面前不诚实，对青少年的道德认知有不良影响。法律应该是绝对权威的，是公民行为评价的基本准则。

青春期的心理发展具有矛盾性，身体的成长发育使他们具有强烈的成人感，但心理发展远没有身体发育的速度快，很大程度上处于半成熟半幼稚状态。如果成人在具有权威性的法律面前都不诚实，在一些小事上就更容易产生投机取巧和侥幸心理，不利于子女诚实守法意识的培养，从而形成错误的人生观、价值观和世界观，影响孩子良好品格的养成。

成人在法律面前不诚实，对青少年的道德行为会产生不良的影响。每个人都应该敬畏法律、遵守法律并诚实面对法律。在法律面前不诚实是诚信缺失的表现，对青少年的影响很坏。现实生活中，我们经常发现有些青少年具有诚信的态度，但在具体行为表现上却出现了不诚信的行为。这一方面与他们心智不成熟、容易受不良的社会风气诱惑、辨别是非的能力有限相关；而另一方面也受成人的不诚信行为影响，尤其是家长，如果不能诚实做人，知法犯法，就是给孩子树立反面的形象。许多青少年走上犯罪道路，与家长的不良行为有着直接的关系。

动力场

青春期的孩子处于半成熟半幼稚的状态，他们的人生观、世界观和价值观都处于形成时期，容易受外界不良因素的影响及诱惑。他们有时可能因想满足自己的欲望而欺骗他人；也可能为了达到某种目的，采取投机取巧的行为；还可能为了自己的虚荣而忽略了诚信。这就要求家长在青少年的成长中，时刻关注孩子的变化，不断加以引导，帮助孩子健康地长大成人。

首先，家长要将教育孩子"诚信做人"放在家庭教育的首位。一直以来，有些家长"望子成龙""望女成凤"，只重视孩子的学习成绩，忽略了对孩子的品德教育。但是，良好的道德品质，尤其是"诚信做人"才是伴随孩子一生的宝贵财富，所以，应树立正确的人生观，从小抓好孩子的品德教育。

其次，家长要教育青少年提高守法意识。作为公民，家长和青少年都要明确认识自己是国家和社会的主人，要提高法治的主体意识。家长要和孩子共同学习，认同和尊重法律并笃行法律，从而树立法律权威，自觉遵守法律，抵制违法行为，诚实面对法律。

最后，家长要为孩子树立良好的榜样。榜样的力量是无穷的，在家庭中，家长就是孩子的榜样。所以在生活中，家长对青少年既要"言传"，也要"身教"。不仅要告知孩子诚实面对法律的重要性，还要以身作则，克服不良嗜好，从小事做起，诚实守信，言行一致。

启思录

> 伟大人格的素质，重要的是一个"诚"字。
>
> ——鲁迅

② 教育孩子不称霸

　　2017 年 2 月 28 日 15 时至 22 时，北京市西城区某职业学院的女生朱某，伙同另外四名女被告人在学校女生宿舍楼内，采取恶劣手段，无故殴打、辱骂两名女同学。其间，五名女被告人用手机拍摄了羞辱、殴打视频，事后还在自己的微信群内小范围进行了传播。其中一名被害人当天先后被殴打了三次。经鉴定，两名被害人均构成轻伤，其中一名被害人精神抑郁，到案件截止时仍无法正常生活、学习。

智慧树

　　近年来，青少年校园欺凌案件时有发生。现实生活中，我们经常看到有个别青少年在同伴中称王称霸，对同伴实施谩骂、人格侮辱、殴打。这种行为不仅给受害者身心造成严重的伤害，同时，这些"小霸王们"的心灵也是扭曲的，是走向犯罪道路的前奏。那么，这种行为的成因是什么呢？

　　首先，"称霸"行为与青少年的心理特点有关。青少年时期的身心发展往往是失衡的。他们好奇心强，情绪易波动，内心常常充满了矛盾和冲突。当遭受挫折、被边缘化时，为了维护自己的自尊，常常会模仿成人或影视剧中的人物而采取攻击性行为来处理问题，从而做出了伤害他人的行为。一旦这种行为没有被及时制止，而又被同伴模仿后，就会被不断强化，使青少年形成不良的行为习惯，最终对自己和他人造成伤害。

其次，"称霸"行为与家长及社会的认知偏差有关。对青少年的"称霸"行为家长和学校都普遍存在一种误区，即孩子们打打闹闹是正常的，这种较为宽容的看法与态度，促使"小霸王"的很多不良行为愈演愈烈，对青少年的身心均造成了不可逆的伤害。

最后，“称霸”行为还与人的个性特征有关。研究表明，具有易怒（因为极其微小的刺激而爆发的倾向）、沉思（被激怒以后将愤怒的情感留在心中的倾向）以及情绪敏感性（体验到不适感和不足感的倾向）这三种个性特征的个体比其他人容易产生攻击性行为。所以，当某些青少年自我评价过高、内心出现冲突而没有得到及时帮助和引导时，伤害他人的不良行为就随之出现了。

动力场

“称霸”行为不仅会导致青少年犯罪，还会蔓延影响到其他青少年或群体中，家长对此必须高度重视。

首先，父母要关注孩子的心理健康。青春期孩子的情绪易波动，父母除了关心孩子的衣食住行和学习成绩外，还要勤与孩子沟通，细心观察孩子的情绪波动。当孩子情绪异常或遇到问题时，家长要及时给予帮助和鼓励，不要一味否定孩子，而要多倾听，多问问“为什么”，从而引导孩子采取正确的行为方式处理不良情绪或心理冲突。

其次，家长要帮助孩子养成正确的人生观和价值观。青少年时期是人生观和价值观初步形成的时期，他们的价值观与是非判断能力没有完全形成，容易受家长与外界环境的影响。有些家长错误地认为，孩子有点“霸气”没什么，免得受欺负。在农村有些“村霸”欺负百姓得不到应有的惩罚，都会对青少年形成错误观念。因此，家长不要宠溺孩子，要帮助他们明辨是非，形成正确的人生观与价值观。

最后，父母要注意言传身教。家长在日常生活中要注意自己的一言一行，当孩子犯错时，要耐心说服孩子，避免使用打骂、暴力等方式处理问题。当影视作品或其他媒介中出现暴力等不良行为时，要及时引导孩子进行辨析，理解影视节目的背景与表现手法，禁止孩子模仿。

启思录

2020年10月22日，《中华人民共和国刑法修正案（十一）（草案）》强调在特定情形下，经特别程序，对法定最低刑事责任年龄作个别下调，在刑法第十七条中规定：已满十二周岁不满十四周岁的人，犯故意杀人、故意伤害罪，致人死亡，情节恶劣的，经最高人民检察院核准，应当负刑事责任。

③ 正确择友很重要

2011年,年仅15岁的小林因"哥们儿义气"参与群体性(十余人)打架斗殴,故意伤害致人死亡,被认定为故意伤害罪,判处有期徒刑7年。2018年,小林一想到今年能回家了就激动不已。在某未成年犯管教所内,他回忆说:"我七年级时开始接触到了一些社会上的朋友。父母忙,没什么时间管我,我开始逃学,和朋友们一起上网、唱歌、玩游戏、帮朋友打架,为的是消磨时间,觉得和朋友们在一起很开心,没人管,无忧无虑的。生活来源有的是打架所得,朋友之间谁手头宽裕就多拿出来些,大家一起花。我现在真的特别后悔。"小林一字一顿地说:"希望同龄伙伴们在处理问题时不要像我一样莽撞行事,在家要听父母的话。每次父母来看我,隔着玻璃窗看到他们苍老了许多,我的心里都很难受。"

智慧树

青少年时期的个体自我意识、独立欲望、自尊心都明显增强,在人际交往方面具有一定的特点。

首先,同伴友谊的地位逐渐上升。青春期的孩子对父母的依恋逐渐减少,与朋友的交往越来越多。他们在价值观念、交友标准、生活习惯,乃至衣着打扮等方面,都容易与父母发生分歧,常常感觉父母不理解自己,朋友逐渐成了他们倾诉和依赖的对象，朋友在青少年的生活中越来越重要。

其次，有选择地交朋友。青少年对朋友的选择由地域接近、父母熟识等受感情影响逐步向具有相近的性格、目标、兴趣、追求等"合得来"的条件转变。

最后，团体现象突出。青少年喜欢形成交友的团体。在学校里，常常可以看见几个青少年自然地形成一个团体，行动一致，相互保持着一种信任而友好的关系。他们相互分享秘密，且有极高的忠诚度，自觉遵守团体中的"规则"，由此会产生相互包庇的不良行为。

动力场

青少年时期是个体社会化的重要时期。青少年通过相互接触、相互交流，进而相互影响，使其社交观念和人际关系逐渐由幼稚简单走向成熟复杂。因此，在这个时期家长应引导孩子正确交友，多结交良师益友，从而不断认识自我、完善自我，促进青少年身心健康发展。

首先，对青少年的社交行为，家长要做到既不放纵也不过度干预。家长要为孩子营造一个轻松的自我空间，对孩子的社交行为既不能粗暴打压，也不能放任自流。而应通过自己的人际交往观念、人际交往方式以及交往对象等对孩子言传身教，告知他们结交朋友的标准和界限，引导孩子远离不良分子，为其人际交往奠定良好的基础。

其次，家长要鼓励青少年多参加积极、健康的集体活动。青少年往往因志趣相投而形成小团体，他们感情融洽，能推心置腹地交谈、开诚布公地讨论、亲密无间地合作。但团体中，不良同伴的思想和行为也会互相强化，互相学习，从而导致青少年形成错误的人生观、价值观。所以，当青少年融

入小团体中时，家长应为孩子的成长感到高兴，要鼓励孩子和朋友们一起参加积极、健康的集体活动，为他们的集体活动提供有益的建议和帮助。同时，也要留意孩子的一举一动，当孩子出现不良行为时，及时予以纠正和制止。

最后，家长要培养孩子与人交往的能力。与人交往的能力不仅包括主动打招呼，主动帮助别人，还包括主动担负责任，主动承认错误。这就要求家长平时要给予孩子完整的关爱，有选择地要求孩子一起去分担家中事务。让青少年既体会到生活的美好，也能理解生活的不易，对挫折和错误勇于面对和承担，学会珍惜当下，关心别人。这样才能使青少年在人际交往中积极主动、结交具有优良品质的良师益友。

启思录

君子与君子以同道为朋，小人与小人以同利为朋。

——[宋]欧阳修

④ 不义之财要拒绝

　　一天下午，16岁的小君在自动取款机上取钱时，无意间发现机器上留有一张被他人遗忘的信用卡，看周围无人便随手带走了。小君内心很矛盾，这卡要是有密码是用不了的，

模　拟　　法　庭

还是送回原处吧。但平日花钱大手大脚的小君却侥幸地想：万一能用呢？于是，她先来到一家超市内的手机柜台，精心挑选了一部白色苹果手机，手持信用卡刷卡时，冒用信用卡正面的拼音签下了持卡人的姓名。让她"惊喜"的是，营业员并未让她输入密码。小君喜出望外，被这张信用卡冲昏了头脑。财迷心窍的她，用这张未设密码的信用卡在商场刷卡消费了两万多元后，高兴地回家了。对于小君突然买这么多的物品，她的爸爸妈妈也没有多问，因为小君的家境不错，她手里的零花钱、压岁钱不少，平时也不少买东西。直到有一天，一辆白色的警车停在小君家门前的时候，小君的父母才知道事情的原委，而小君已经来不及后悔了。

智慧树

青少年时期是人生观和世界观开始形成的时期，很容易受到外界环境的影响。像小君这样的青少年，平时家里很少对其花钱加以控制，加上这个年龄的个体容易产生攀比和炫富心理，对物质需要的追求很强烈。同时，他们的法治观念不强，很少自觉地学法用法。再加上有些青少年受"不劳而获"的心理作祟，就会对"不义之财"动心并付诸行动，这不仅有悖道德，也是一种严重的违法犯罪行为。如果青少年获得不义之财的行为不能及时得到教育和惩罚，他们还会产生"天上掉馅饼""没人发现""就这一次"等侥幸心理。一个钱包、一张信用卡看似小事，但一旦选择接受了不义之财，就会使青少年形成不劳而获的错误认知，在获取报酬和消费上形成不良的行为习惯，最终导致像案例中的小君一样触犯法律。

　　"君子爱财，取之有道"是我们祖先留给后人的宝贵遗产和忠告，意思是说，有才德的人喜欢通过正道获取财物，不要不义之财。对于这样的忠告，家长一定要让孩子明白其中的道理。

动力场

　　教育孩子拒绝不义之财，家长应该如何做呢？

　　首先，家长要培养青少年良好的消费习惯。对大部分青少年而言，零花钱是他们可以直接支配的个人财富，主要来源于家庭。所以家长应该对孩子的花钱行为进行适当监管。在给孩子零花钱时，应当把握好度，不要以学习为理由给孩子过多的零花钱。如果过年时孩子收到了较多的压岁钱，家长可以帮助孩子做好财务规划，引导他们进行理财，防止孩子把自己的压岁钱挥霍一空。家庭在做财务决策时，也可以鼓励孩子参与，这对他们来说是很好的实践机会。通过个人理财和家庭理财管理实践，逐渐培养青少年的消费习惯。

　　其次，家长要帮助青少年树立积极的财富观。一方面，家长要教育孩子珍惜自己所拥有的财物，提醒他们家庭也许不能为他们提供最好的生活条件，但应珍惜自己所拥有的资源，并充分、合理地利用。另一方面，家长要提醒孩子慎重做好每一次选择，要拒绝不义之财。家长要告诫孩子：获取不义之财是可耻的。

　　最后，家长要以身作则，通过劳动致富。家长可以让孩子知道家里的收入与支出情况，让他们懂得，家里的每一份收入都是通过劳动获得的。而家里的每一份支出都要做好计划，不能随便花钱。要培养孩子的家庭责任感，要珍惜父母的劳动果实。家长也要更新教育理念，可以鼓励孩子利用假期帮助家里做些力所能及的事情，分担父母的劳动，家长对孩子的劳动给予适当的劳动报酬。这不仅能够锻炼孩子的劳动能力，掌握劳动技巧，而且能够帮助他们了解社会、适应社会。

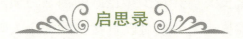 启思录

不义之财对灵魂有损，对血液有害。

——歌德《浮士德》

⑤ 犯罪团伙不加入

　　小谢等 5 名青少年没有固定的工作和住所，长期混迹在网吧。16 岁的小旭与他们就结识于网吧，经常在一起玩游戏。由于小谢等 5 人没有经济来源，慢慢地，他们开始以不正当方式获取钱财。因向往电影里古惑仔的生活，小旭一开始虽然没有参与，却也没有离开这些"朋友"。直到有一天，小

旭心爱的手机摔坏了，由于害怕母亲的责骂，不敢向母亲承认，小旭便听信了小谢等人的"建议"，与他们尾随一个手拿苹果手机的男孩来到一处偏僻的路边，趁男孩不注意，6人抢走男孩手机，导致男孩受到惊吓。最终，小谢、小旭等6人分别受到了法律的制裁。

智慧树

青少年时期是同伴交往的重要时期，他们逐渐从对父母的情感依恋中脱离出来，转而与同龄伙伴建立亲密的交往关系。但是，青少年还没有形成正确的世界观，他们对社会的观察还带有片面性，意志品质也比较薄弱，容易受到各种不良风气和坏思想的影响，养成"哥们儿义气""享乐主义"等种种不良习惯和错误思想，并具有强烈的冲动性。如果教育引导不及时或教育方法不得当，就容易加入不良团伙，走上犯罪的道路。

从家庭教育的角度分析，青少年团伙犯罪与家庭环境及父母的教养方式有很大的关系。一般来说，家长对孩子缺少关注，不了解孩子成长过程中心理发展的变化，不能满足孩子日益增长的物质需求与精神需求，使孩子长期得不到源于家庭的情感支持，青少年就会为了寻找和弥补情感需求与相同境遇的同伴形成小团体。这些小团体因长期面临物质需求没有保障、情感需求得不到满足的双重压力，一旦脱离了家庭的控制和约束，极易走上犯罪道路。另外，有些家长因为自己没有时间和精力教育子女，便把子女的教育寄托在学校教育方面，致使家庭教育失去了应有的功能。在这种情况下，青少年很容易形成自由散漫的性格和任意妄为的生活习惯，甚至有的孩子会脱离正常的生活轨迹，融入行为不良的青少年团体中。一旦他们结成了情感和利益共同体，就极易产生冲动行为，甚至参与犯罪活动。

动力场

为防止青少年加入团伙犯罪，家长应注意几方面的问题：

首先，家长要重视青少年的情感需求。很多青少年生活在经济条件并不宽裕的家庭，但却能够直面贫穷，乐观生活。这与家长在孩子内心挣扎与迷茫时，及时地进行沟通、给予关爱是密不可分的。例如，2018年被北大录取的河北女孩王心仪，她虽然生活在物资极度匮乏的家庭，但母亲对教育和知识的执念深深地影响了她，她领悟到什么是真正的快乐与满足，并坚信教育与知识的力量。她写的文章《感谢贫穷》感动了很多人。所以，与物资需求相比，家长要更加重视青少年的情感需求，做孩子坚强的后盾。

其次，家长要遵循青少年身心的发展规律，选择合适的教育方法，对孩子耐心引导。比如，可以从孩子喜欢的偶像明星入手，为其树立良好的榜样，帮助他们形成正确的世界观、人生观、价值观。

最后，家长要以身作则，提高自身的修养，克服各种不良的行为习惯。要不断更新教育理念，多与孩子换位思考，做孩子的朋友。对于家庭结构不完整的青少年，家长更要充分考虑和体会孩子的感受，及时发现他们的心理和行为问题，并加以正确地引导和帮助。

启思录

青少年犯罪的组织形式具有团伙性特点。渴望友情、乐于合群，是青少年的一种心理需求，是独立意识的外在表现。青少年往往在父母面前封闭自我，而更爱与年龄相仿、趣味相投的伙伴在一起，形成群体。

⑥ 告诫孩子拒毒品

　　16 岁的丁丁是强制戒毒所里年龄最小的一个，是典型的"农村留守儿童"，她记忆中所有的美好，都停留在 7 年前与外婆一起生活的时光。丁丁的老家在广西农村，由于她是超生的，所以全靠外婆抚养长大，直到 9 岁才回到父母身边，才知道自己也有爸爸妈妈。可是和父母在一起后，她更思念和外婆在一起的日子，因为在家里，丁丁感觉父母的眼中只有哥哥，没有自己，常常感觉自己是多余的。她说："直到现在想起来，父母那种重男轻女的思想和行为，仍让我感到窒息。"丁丁染上毒品只是听他们说可以忘记一切烦恼，便半信半疑沾上了毒品。她是因打架被抓的，在警察审讯时毒瘾发作口吐白沫，被送到了戒毒所。

智慧树

　　每年 6 月 26 日是国际禁毒日，即国际反毒品日。2020 年 6 月 28 日，国家禁毒委员会办公室发布了《2019 年中国毒品形势报告》。该报告显示，2019 年，全国查获 35 岁以下青少年吸毒占比持续下降，可见青少年毒品预防教育成效显著。但每年仍有像丁丁这样的孩子，由于种种原因而走上吸毒的道路。

　　青少年沾染毒品的主要原因多是源于好奇、炫耀和无知。

很多青少年吸毒者在遭遇毒品之前已经接受过远离毒品的教育，也有一定的拒毒心理，但却因为好奇心驱使而沾染上了毒品。还有些青少年受同伴的诱惑，认为拒绝朋友会丧失友情而沾染上毒品。青少年时期，朋友相处的时间愈来愈多，且对友谊非常看重。这种伙伴的力量甚至远远超过了父母和老师的关心和说教。所以，青少年一旦交友不慎，很快就会把持不住自己，容易沾染上毒品。

家庭成员的不良影响和家庭教育失当也是很多青少年沾染毒品的原因之一。青春期的孩子身心迅速发育，但人生观和价值观并未完全形成，很多吸毒的青少年都缺乏良好的家庭教育，有的甚至是直接受家长的影响而染上毒瘾的。还有的家长由于工作原因，根本顾不上孩子的教育，长期体会不到家庭的温暖也是青少年交友不慎染上毒瘾的原因之一。

动力场

据国家毒品实验室检测，2019 年全年检测出新精神活性物质 41 种，其中新发现 5 种。一些不法分子通过改变包装形态，生产销售"咔哇潮饮""彩虹烟""咖啡包""小树枝"等新类型毒品，花样不断翻新，具有极强的伪装性、迷惑性和时尚性，以青少年在娱乐场所滥用为主。因此，家长要教育孩子远离毒品。

首先，教育孩子正确对待好奇心。青春期的孩子思想敏锐，但思维的片面性很大，在许多新事物面前，还不具备成人的鉴别能力。所以家长最好和青少年一起参与到学校和社会组织的毒品教育中，帮助孩子将毒品的危害铭记于心，告诉孩子不要盲目崇拜或模仿偶像明星吸食毒品，不能放任好奇心，更不能自信逞强。吸毒极易成瘾，如果以身试毒，势必会付出惨痛的代价。

其次，引导孩子结交良师益友。很多青少年沾染上毒品，都是被人唆使的结果。要告诫孩子远离吸毒场所，不要与吸毒者或贩毒者为伍，不要因为一时的哥们义气而毁了自己。还要教导孩子遇到亲友吸毒时应劝其戒毒，劝说无效时要尽快离开他们，并向公安机关举报。另外，要时刻保持警惕，在娱乐场所不接受陌生人送的饮料、水和药片，因为很多毒品是无色无味的。

最后，培养广泛的兴趣爱好。家长可以从孩子的兴趣出发，培养其广泛的兴趣爱好，带孩子多接触大自然。鼓励孩子在学习和生活中遇到困难时，要坦然面对，选择合适的方法处理问题，解除烦恼，必要时还可以向心理咨询师求助。

启思录

《中华人民共和国刑法》第三百五十七条规定：本法所称的毒品，是指鸦片、海洛因、甲基苯丙胺（冰毒）、吗啡、大麻、可卡因以及国家规定管制的其他能够使人形成瘾癖的麻醉药品和精神药品。

⑦ 报复行为危害大

一天傍晚，在寄宿制中学读九年级的陈晓到食堂吃饭。他把书包放在餐桌的凳子上占个位置，然后去打饭。然而，当他打饭回来时，发现自己的书包被放到一边，座位被同学齐剑占了。陈晓指责齐剑做事不讲究，两人话不投机就吵了起来。上晚自习时两人又吵了起来，陈晓忍不住打了齐剑一拳，齐剑刚想还击，就被同学和老师拉开了。老师对两人的行为进行了狠狠的批评，并责令他们写出深刻检讨。齐剑因为挨了陈晓一拳，心里很别扭，总想找机会报复陈晓。等到周末的时候，齐剑约来了已经上班的表哥，把刚走出校门准备回家的陈晓堵在一个僻静的地方，狠狠地"教训"了一顿，直到陈晓的头被打出了血，齐剑和他的表哥才住手，陈晓随后报了警。经法医鉴定，陈晓的头部受了轻伤。因齐剑和表哥是合伙伤人，被公安局拘留，后因为齐剑和表哥赔偿了陈晓的医药费及营养费，并且承认错误态度良好，陈晓及家人没有对二人进行起诉。

智慧树

青少年时期由于认知存在偏差，对自己与他人之间发生的矛盾不能进行理性分析，非常容易做出冲动性的报复行为，以达到内心平衡。一般来说，青少年容易产生如下几种报复行为：

　　首先，情绪与报复行为。青少年的情绪具有不稳定性，有时遇事会产生强烈的情绪反应。如果日常生活中他们将情绪压抑在心里，长期得不到合理的宣泄，累积到一定程度时，就会一触即发，最终用行为来表现情绪，即报复行为。

　　其次，人生观与报复行为。有些青少年不懂得生命的宝贵，领悟不到生命的意义与价值。当遇到挫折时，就会情绪爆发，

采取冲动性的报复行为，甚至付出惨痛的代价。

最后，性格与报复行为。自我中心的性格特点是现在青少年的"通病"。很多孩子在家中备受宠爱，形成以自我为中心的思维方式和性格特征。这种性格往往夸大了"我"的感受性，凡事都从"我"的角度考虑问题，不懂得换位思考。很多孩子不知道报复行为会给他人带来伤害，所以具有这种性格特征的青少年更易出现报复行为。

动力场

报复行为既伤害别人，也伤害自己，为了避免孩子出现报复行为，家长可以这样做：

首先，对孩子进行生命教育。家长在生活中应教育孩子不仅要尊重、珍惜自己的生命，也要珍爱他人的生命。可以和孩子一起通过分享他们的成长记录、观看影视作品等多种方式，感知生命的珍贵。教导孩子遇事要保持冷静，理性分析正确与错误，对是非曲直判断清楚，选择正确的方式处理问题。

其次，教导孩子要对自己的行为负责。家长要重视对孩子责任感的培养，使他们明白一个人真正地走向独立，就要对自己的行为负责。在日常生活中，对孩子的错误行为要给予适当的批评和惩罚，使他们认识到只要选择的行为是错误的，就要付出代价，承担责任。

再次，帮助孩子增强承受挫折的能力。实践证明，乐观决定着孩子的一生幸福，坚韧决定着孩子能持续成功，希望决定着孩子能有效地实现人生目标。所以家长要培养孩子的心理承受能力，面对挫折要让孩子学会积极解读、自我激励、明确方向、勇于克服。

最后，帮助孩子学会排解负面情绪。家长要多留意孩子的情绪变化。因为很多青少年出现报复行为，并不是为了获取某种体验或享受，而是为了表达、发泄某种情绪。所以家长要及时帮助孩子疏导负面情绪，和孩子一起学习排解负面情绪的方法，必要时可以求助心理医生。

启思录

任何人都不能离开群体和社会而孤立生存，也不能只顾自己的需求和主观愿望而一意孤行。人要参与社会生活，首先要知道如何按社会的客观要求去做，如何顾及他人和群体的利益，并懂得如何与他人协调，从中获得个人的满足。

——李玫瑾

⑧ 疏导青春期性冲动

2015 年，某电视台曾报道这样一则消息：一名叫小胡的 16 岁初中生在家上网，无意中看到含有黄色不堪的视频内容，这对处在青春期的小胡产生了很大的诱惑和刺激。从那之后，小胡变得每天精神恍惚，神情不定。一天放学后，他一个人无精打采地走在路上，突然看见前面有个 10 岁左右的小女孩在路边玩花草，小胡环顾一下四周，看到没有他人，企图对其实施不轨。恰好此时有人骑车路过此地，见此情景便将小胡扭送到附近的派出所。面对民警的审讯，他老实地交代了自己的犯罪动机和事实。小胡受到了应有的惩罚，他的父母也受到了舆论的谴责。

据报道，仅北京市未成年管教所里就有 16% 的青少年是因为性犯罪而走进管教所的，他们当中的大多数都是因为受网络色情视频的诱惑而走上犯罪道路的。

智慧树

青少年性犯罪与其生理发育及教育、环境因素有关。研究发现，青少年性犯罪主体的年龄大多数介于 14 岁至 18 岁，从生理发展的角度看，处于这个年龄阶段的青少年是性生理和性心理快速发展的时期，他们开始出现了性冲动，而青少年的自控能力较差，模仿力与好奇心较强，在性冲动与好奇心的驱使下，很容易出现性犯罪行为。从家庭教育的角度分析，家庭应该说是青少年最早接受性教育的一个环节。但是，由于受传统观念的影响，我国有很多父母不能正面对待孩子提出的有关性的问题，要么讳莫如深，要么避而不谈，还有的父母如临大敌，用粗暴的教育方式对待孩子所提出的问题。这种既封闭又放任自流的现实，致使青少年在性问题上陷入了盲目无知的状态，产生性意识的偏差。从社会环境方面看，青少年极易受到不良环境因素的影响，社会中存在的性自由观念，不良媒体中充斥的黄色图像及视频，存在于网吧、洗浴场所等治安死角中的性交易活动等，都是诱发青少年性犯罪的外部因素。

动力场

为了帮助孩子安全健康地度过青春期，家长要重视性教育，在家庭教育中帮助他们疏导性冲动。

首先，家长应加强性知识和性道德的学习，对性及性教育应该有一个正确的认识。家长要打破性的神秘感和不洁感，要让孩子理解性生理和性心理是人的正常反应，如同日出日落、月亏月圆一样自然。男孩子的遗精和女孩子的月经初潮都是正常的生理现象，是进入青春期的标志。同时，家长也要注重性道德教育，对女孩子要进行恋爱观、自尊自爱、自立自强观念的教育；对男孩则要重点进行责任感、使命感、理想抱负和家庭观念的教育。

其次，家长要选择恰当的时机和方式对孩子进行性教育。青少年性心理随着不断的成长而逐渐得到发展，他们接触与性相关的问题也会增多，家长要注意适时与孩子沟通，和孩子一起科学地看待性、谈论性，避免其因在家庭中没有获取足够的信息而通过其他途径来满足好奇心。还要让青少年认识到，从性成熟到合法的婚姻，要经历一个相当长的过程，即性欲延缓满足的过程。

　　再次，家长要教育青少年正确对待异性，引导他们将对

异性的向往升华为两性之间纯洁美好的友谊。要允许他们与异性交朋友，让他们注重思想上、学习上互相帮助和促进，不可为表面的性接触和性吸引所迷惑，避免对性的过度关心和无意识的刺激，更要避免性挑逗和观看黄色书刊及视频等。

最后，对有些性早熟、性冲动强烈的青少年，家长可以借助心理咨询与心理治疗的方法和手段，减轻他们的性冲动，降低性犯罪的发生率。

启思录

性教育的基本内容应包含：有关人类生殖器官的形态学知识，有关人类性生理和性发育的知识，人类生育的知识，人类正常的性行为反应、避孕的知识，人类各个年龄阶段的正常性发展和性行为，男女性征上的异同，有关性道德规范和法律知识，等等。

安全篇

ANQUAN PIAN

守护成长

据世界卫生组织和联合国儿童基金会的一项报告显示：每天全球有2000多名儿童死于意外伤害。青春期是最喜欢冒险的年龄阶段，家长要教育青少年树立安全意识。

① 安全意识常提醒

　　放暑假了，槐树中学七年级的小林、虎子和二宝三个发小隔三岔五地就会聚在一起。一天，虎子和二宝来到小林家，小林的爸爸妈妈出去干活了，三个人便在院子里闲聊。虎子看见小林家的农用三轮车停在院子里，便上去坐在驾驶室里，做假装开车的动作。二宝对虎子说："你这叫啥本事，有能耐真开起来呀！"虎子不服气地说："这也没啥了不起，不用学就能开，我爸就没考过驾驶证，照样能开车。"说着，虎子真的踩了油门。谁知道，小林爸爸前一天开车回来车钥匙忘拔了，小林慌忙去阻拦，结果虎子已经将车发动起来了。看着已经发动起来的三轮车，虎子有点儿手忙脚乱，车直接朝着院墙撞去，只听"哐"的一声响，院墙被撞了个窟窿，还将前来阻止的小林撞出了一米多远，重重地摔在了地上，虎子也从车上摔了下来，撞破了头，而二宝则吓得瘫坐在地上哭泣。邻居发现后，打电话将孩子们的家长找来，把小林和虎子送到了医院。

智慧树

　　青春期是最喜欢冒险的年龄阶段。青少年的冒险行为与这一年龄阶段的生理和心理特点有关，青少年的自我意识迅速发展，他们喜欢做一些冒险的行为来证明自己的能力。而同伴是影响青少年冒险行为的重要因素，同伴在场的时候做出冒险行为，可以展示出自己的勇敢和自信，能够获得同伴的赞赏，并以此获取更多的同伴接纳和同伴影响力。青少年还喜欢在无所事事的情况下，通过冒险行为来寻求刺激。但是，由于青少年自我控制能力比较差，对风险的评估能力不足，很容易造成自我伤害或伤及他人。

道路伤害、自我伤害和其他形式的意外伤害行为是青少年死亡的主要原因，而这些与青少年的冒险行为及安全意识较差有着密切的关系。

动力场

中国青少年研究中心研究员孙云晓认为，80%的意外伤害是可以避免的。因此，要加强对青少年的安全教育。

首先，家长要加强安全意识，对孩子进行安全教育。有些家长的安全意识不够强，认为安全教育是学校和社会的事情，有学校和媒体提醒就可以了，家长每天忙于工作，没有那么多的精力整天看着孩子，对孩子的淘气逞能行为吓唬吓唬就得了。殊不知，家长放松对孩子的安全教育，最终的结果是自己的孩子和家庭受伤害。因此，家长要将安全和健康的观念植根于孩子的心中。

其次，家长要加强孩子在生活细节中的安全教育。实际生活中，在有些看似风平浪静的时候，很可能隐藏着一些危险的因素，稍不注意就可能招致危险。例如，有些家长认为过马路闯红灯、小孩子攀爬高墙树木、在一起玩耍等都是司空见惯的，还有家里的生活用品每天都在使用，不会有什么危险。可是，有时候孩子在使用的过程中就可能因为使用不当，或因为他们好奇、逞能而发生危险。因此，家长要时刻关注生活中的安全细节，经常提醒孩子。

最后，家长要特别注意假期里孩子的安全问题。一般来说，假期是青少年发生意外伤害和死亡的高发期。因为假期孩子缺少了学校的监管，再加上家长疏于看管，每年的假期，尤其是寒暑假，都会有青少年死伤于溺水、雷击、交通事故、摔伤、触电等。因此，家长要特别关注青少年学生假期的安全问题。青少年猎奇心理较强，喜欢探险，伴随着探险行为的很可能是危险的不期而至。家长要时刻提醒孩子注意安全。

启思录

据世界卫生组织和联合国儿童基金会的一项报告显示：每天全球有2000多名儿童死于意外伤害。在中国，每年有超过5万名的儿童因意外伤害而死亡。意外伤害已经成为中国1岁至14岁儿童的重要死亡原因，成为比疾病还要可怕的"杀手"。

② 饮食合理保健康

寒寒是爷爷奶奶唯一的孙子，从小就备受宠爱，家里每天都为他做好吃的，鸡鸭鱼肉应有尽有。这几年，一些洋快餐、烧烤等食品在乡村也开始流行起来，深受青少年的喜爱。寒寒每周都要吃几次油炸薯条、鸡块、汉堡等食品，家里还专门买了烧烤炉，只要寒寒想吃，爷爷奶奶就把烧烤炉支起来，满足孙子的要求。由于长期食用高热量食品，寒寒的身高、体重比同龄人要超出很多。因此，寒寒动作的灵活性很差，穿的衣服也是又肥又大，学校有集体活动时，与同学们站在一起显得有些不协调，寒寒也总觉得不好意思。更严重的是，中考前参加体检，寒寒被查出血糖、血脂超标，医生建议要严格控制饮食，加强锻炼，否则会危及健康，成年后患心脑血管疾病和糖尿病的风险也很大。看到医生的诊断，全家人都很着急，爸爸妈妈决定为寒寒制订一套健康食谱，并要求寒寒每天要有 1 小时的锻炼时间。

智慧树

青少年正处于快速生长的发育期，合理的饮食结构是青少年健康成长的重要保证，膳食结构中应含有一定量的蛋白质、铁、钙、锌、碘等营养物质。因此，青少年的日常饮食应该多样化，以提供充足、全面、均衡的营养，保证身体发育所需。

然而，在现实生活中，有很多青少年的饮食不追求科学合理，只追求口感。汉堡，碳酸饮料，膨化、油炸和烧烤食品成了青少年喜欢的"美味食品"，他们对蔬菜类的食物不感兴趣。很多家长不考虑孩子生长对营养的需求，一味满足孩子的口欲。食品专家认为，汉堡，碳酸饮料，膨化、油炸和烧烤食品的热量高，但营养价值很低。蔬菜中含有大量的膳食纤维，可以促进肠蠕动，让消化系统正常运行，对于预防大肠癌有很好的作用，不合理的饮食结构不利于青少年的健康成长。与此同时，青少年大量食用洋快餐、碳酸饮料等还会加速肥胖的产生。高热量食品和疏于运动的双重影响，使得现在的青少年中小胖墩儿越来越多。这对青少年的远期危害是容易诱发高血压、高血脂和糖尿病。

青少年的健康成长关系到家庭乃至国家和民族的未来，少年强则国强。因此，无论是家庭还是社会都要重视青少年的健康和身心发展。

动力场

对于青春期的饮食，家长应注意如下几点：

第一，让孩子多吃谷物，供给充足的能量。青少年对能量的需求要高于成人，而且男性要高于女性，每日需要2400—2800千卡。

第二，要保证鱼、肉、蛋、奶、豆类、蔬菜和水果的摄入。

青春发育期对蛋白质需要的增加尤为突出，每日可达 80—90 克，其中优质蛋白质应占 40%—50%。所以，青少年的膳食中应有足够的动物性食物和大豆类食物，维生素 A、C、D、B 族及钙、磷、锌、铁等矿物质对青少年的体力及脑力发育都具有重要的作用。

第三，家长要引导孩子养成吃早餐的良好习惯，必要时课间加一杯牛奶或豆浆。充足的早餐不仅能保证青少年身体的

正常发育，也可以提高学习效率。家长还要避免孩子暴饮暴食、偏食挑食及盲目节食，少吃零食，养成良好的饮食卫生习惯。

第四，家长要教育孩子适当参加一些体力劳动，加强体育锻炼。适量运动和合理营养结合可促进青少年生长发育、改善心肺功能、提高人的耐久力、减少体内脂肪和改进心理状态等。

启思录

处于青春期的孩子学业繁重，家长应注意孩子在紧张的学习期间，尤其是考试前后的营养和饮食安排。人体处于紧张状态下，一些营养素如蛋白质、维生素A和维生素C的消耗会增加。为孩子补充这些营养素，如鱼、瘦肉、肝、牛奶、豆制品等食物中就含有丰富的蛋白质，新鲜的蔬菜和水果中含有丰富的维生素和矿物质。

③ 使用手机要安全

　　近年来，青少年因手机使用不当而造成伤害的报道屡见报端。例如，一名 17 岁的花季少女因为一边过马路一边看手机而被疾驶的车辆撞成重伤而导致残疾；另一名少女因在家中使用正在充电的手机与朋友交谈而触电身亡；还有的青少

年学生因长时间使用手机导致视力下降，颈椎、腰椎受损；更有部分学生因过度迷恋手机游戏导致学习兴趣下降，学习成绩一落千丈……

智慧树

在电子产品发达的今天，手机已经成为人们生活中重要的交流工具，它对青少年具有很强的吸引力。手机便捷、隐蔽的特点符合青少年的心理需要。手机体积小，可以随身携带；用智能手机上网比计算机更为方便，可以不分时间、地点随时接触网络。青少年可以利用手机 QQ、微信等交往方式与人交流，满足了他们日益增长的交往愿望。在与同学、朋友不能及时见面的情况下，他们还可以通过 QQ、微信等手段与好友音频、视频。同时，手机产品更新、升级速度很快，多样化的款式更能彰显青少年的个性追求，对充满猎奇、从众心理及社交需要强烈的未成年人来说，手机具有极大的诱惑力。

青少年对手机的依赖与家庭教育方式也有一定的关系。父母对青少年阶段的子女教育方法简单粗暴，对子女理解、关心不够，亲子之间交流、沟通不畅，就会造成孩子的孤独感、挫败感，他们就会把目光转向有着平等、时尚、虚拟性质的网络，以期在网络世界中寻找心灵的慰藉与温暖。研究发现，留守家庭、离异家庭、父母忙于工作而无暇关注子女家庭中的青少年对手机的依赖程度更高。

手机对青少年身心发展带来的负面影响已经引起了社会、学校的重视，社会的宣传媒体、教育专家、中小学教育工作者都提出了相应的教育对策与方法，旨在减少手机对青少年带来的不良影响。作为家长应该配合社会教育和学校教育，引导孩子科学、适度地使用手机，保护孩子的身心健康。

动力场

家长应该如何引导孩子安全使用手机呢？

首先，家长要对孩子进行耐心指导。在网络发达、手机普及的今天，家长不可能完全禁止孩子使用手机，否则只能引起孩子的逆反心理。正确的方法是引导孩子有节制地使用手机。比如说，利用手机上网获取学习资料，并推荐给孩子一些好的网站与网址，与孩子一起分享与交流网络信息，使手机主要成为辅助学习的工具，让孩子体验利用手机获得知识的乐趣。

其次，家长要加强对孩子使用手机的管理，有效控制手机使用时间。在孩子教育的问题上，家长要严格地对孩子立规矩。可以与孩子签署"君子协定"，制订使用手机及上网的时间并严格执行，如有违约，则采取惩罚措施。例如，除了上网学习，超出手机使用的规定时间，就要禁用一天、一周乃至一个月或更长的时间。在完成作业和规定的户外运动之后，可以适当地使用手机。家长要与孩子一起遵守规则，不能只严格要求孩子，而自己却放任自流。

最后，家长要了解孩子过度使用手机的原因，对症下药。孩子迷恋手机是有原因的，家长要了解其原因，对症下药才能改变孩子的态度。有的孩子迷恋手机是因为在学习中遇到困难和挫折，没有成就感，失去学习的兴趣，为了排解内心的焦虑；有的孩子可能是因为贪玩，对学习不感兴趣而对手机游戏着迷；还有的孩子是因为家长对自己关心不够，缺少交流，通过手机游戏来满足自己内心的需求；等等。家长也可以借助心理咨询来帮助孩子摆脱对手机的依赖。

启思录

美国马里兰大学的一项调查显示，手机在给人们的生活带来方便的同时，也带来很多负面影响，包括：1.生活圈子变窄；2.孤独感增加；3.影响人际关系；4.丧失注意力；5.导致疲劳。

④ 吸烟饮酒伤身体

硕硕 18 周岁生日快要到了，几个平时很要好的同学商量要为他庆祝生日。大宁提议说："我们都已经长大成人了，周日我们聚在一起吃饭，得有点儿大人的样子，咱们去饭店点几个菜，喝点儿啤酒。"小春、生子和潇潇都表示同意。周日中午，几个伙伴来到镇上的一家饭店，定了包房，很像样地点了一桌子菜，还要了一箱啤酒。席间，小春还拿出了香烟，他们学着大人的模样抽起了烟。大家在一起为硕硕过生日，非常高兴，不知不觉，一箱啤酒很快就喝光了，大家还是意犹未尽。大宁提议：每人再加两瓶。其实几个孩子已经有些醉了，但经不住大宁的劝说，每人又喝了两瓶。这一顿饭，每个孩子平均喝了四瓶酒，到傍晚的时候，醉得连回家的气力都没有了。饭店的老板要了其中一个孩子家长的手机号码，通知了家长，才将几个孩子送回了家。

智慧树

研究表明，我国青少年的吸烟、饮酒率呈大幅度上升趋势，尤其农村青少年所占的比例更大。随着青少年生理、心理的发展，其"成人感"心理越来越强，他们处处以成人自居，认为学会吸烟、饮酒才有大人的样子。同时，青少年的好奇心强，看到成人在酒桌上推杯换盏、吞云吐雾的样子很神气，于是就想体验这种"神仙般"的感受。青少年又特别重视同伴友情，讲究"哥们儿义气"，认为以烟酒会友更能体现情谊。在这些心理因素的影响下，青少年很容易染上吸烟、饮酒的坏习惯。

青少年正处在身体迅速成长发育的阶段，身体各系统还没有发育成熟，对各种有毒物质的吸收比成年人更容易。研究表明，人体的任何部位都不能幸免于吸烟的危害，吸烟不仅与肺癌、喉癌、胃癌等多种癌症关系密切，而且也与慢性气管炎、肺心病、高血压、动脉硬化等呼吸系统和心血管疾病密切相关。饮酒会引起胃肠炎症并增加肝脏负担，酒精会对大脑神经产

劝阻吸烟的手势，要学会！

不可以　　　　请停止　　　　我介意

生麻痹作用。吸烟、饮酒对青少年心理的发展也有害无益。长期吸烟、饮酒会导致注意力、记忆力、思维力一定程度的下降，影响青少年智力的发展。如果青少年聚在一起吸烟饮酒，在极度兴奋下，容易发生矛盾冲突，导致打架斗殴现象的发生。过多的烟酒消费无疑会增加家庭的经济负担，也会养成不良的消费习惯。

动力场

烟酒对青少年的身心发展具有危害作用。因此，家长要禁止孩子形成吸烟、饮酒的不良习惯。

首先，家长要以身作则。对于孩子来说，生活即是教育，家长的一言一行都会对孩子的行为习惯产生潜移默化的影响。家长平时不吸烟、饮酒，没有不良嗜好，孩子也就没有了模仿的对象。很多孩子平时喜好摆弄烟酒，与家长的不良嗜好有直接的关系。因此，家长的榜样作用很重要。

其次，要讲究教育方法。家长对禁止孩子吸烟、饮酒要有明确的态度，不能模棱两可，认为过年过节可以放松一点儿，吸支烟、喝杯酒不过是娱乐而已。殊不知，一次次地放松要求，就可能慢慢养成不良习惯。此外，家长还要讲究方法，一旦发现孩子吸烟、饮酒，要耐心进行教育，指出烟酒对身心健康的危害。还要给孩子改正错误的机会，不能采取打骂、惩罚的方法，避免孩子产生逆反心理。

最后，家长要引导孩子转移注意力。俗话说："正事不足，闲事有余。"很多喜欢烟酒的青少年往往是对学习不感兴趣的学生，他们喜欢聚在一起，以吸烟、饮酒的方式打发时间。因此，家长要善于转移孩子的注意力，引导他们培养健康的兴趣爱好。例如，可以与孩子一起读书，感受学习知识带来的满足；和他们一起进行文体活动，培养高雅的情趣；练习和掌握一些生活技能和技巧，提高生活能力；等等。

启思录

　　拒绝烟酒，从家庭抓起，从我做起，做健康少年！

⑤ 远离传销和网贷

　　"我已经好几天没有跟爸妈联系了，我想回家……"16岁少女小娜一被解救出简陋的传销窝点就开始哭诉。她说："我本来是想在暑假找份兼职，有个网友说可以帮我介绍工作，可是没想到还没到地方就被限制了人身自由。到了地方，他们就让我掏钱买1900元的产品，发现没有足够的钱后，便没收了我的所有物品，包括手机、钱包等。随后就让我和其他人一起每天听课。一些没有交钱的或者态度不好的人，就会被他们罚站或打骂……"

　　同样被骗的还有小陈。小陈想通过QQ进行贷款，根据贷款要求，小陈提供了相应的联系方式，但小陈不仅没收到贷款，还遭到了威胁和勒索。小陈一直未付款，贷款公司的工作人员则进一步威胁小陈和其父母，并索要3000元，小陈和家人向公安机关报了案。小陈害怕亲朋好友收到其贷款信息，休学在家，学习、生活及心理健康受到严重影响。

智慧树

　　近年来，互联网金融飞速发展，为我们的生活提供了很多便利。但传销和非法网贷等问题也随之而来。由于心智尚未完全成熟，很多青少年被传销和非法网贷所欺骗，影响了学业和身心健康。

　　传销和网贷易使青少年形成对金钱的错误认知。传销往往采取集体生活的方式进行管理，利用新颖的培训内容对参与者进行"洗脑"，使他们形成低投入、高回报的思维定式。而网贷作为一个贷款平台，由于门槛极低，为贷款人提供了一个便捷的资金来源渠道。但青少年一旦被传

销和网贷所影响，极易形成功利主义、拜金主义、享乐主义等扭曲的价值观。

传销和网贷易使青少年形成不良的行为习惯。传销容易使青少年形成即使少劳动或者不劳动也能获得高报酬的错误认知，随之而来的则是形成好吃懒做、不劳而获等恶习。而网贷影响的则是青少年的消费行为。因为网贷为青少年提供了相对容易的资金来源，使青少年形成超前消费的不良习惯。对于青春期的孩子来说，他们的自控能力和辨别能力都还有限，所以很难掌握好贷款和消费的尺度，极易养成花钱大手大脚、盲目攀比等不良消费习惯。此外，很多青少年并不具备还款的能力，一旦消费过度很容易留下不良的信用记录，甚至被非法网贷所欺骗和威胁，给自己和家庭造成沉重的负担。

动力场

为了正确地引导青少年树立正确消费观，可以做到以下几个方面：

首先，家长应帮助青少年了解传销与网贷的本质。传销与网贷很大程度上都是利用了参与者的投机心理和对传销及网贷的无知。所以，家长要与孩子一起了解传销和网贷的险恶本质，认清传销和网贷的风险及危害。

其次，家长应引导青少年树立正确的价值观。家长要引导孩子正确看待付出与收获的关系。生活中，家长可以和孩子一起制订合理的消费计划，给孩子营造科学的消费氛围。做到不溺爱孩子，时刻关注孩子的消费情况，教育孩子养成健康的消费习惯。当孩子为炫耀和攀比而进行不正当消费时，要及时告诫和制止。此外，还应鼓励孩子多参加劳动，培养孩子勤劳的行为习惯，引导孩子懂得获得财富的方法和途径，从而树立正确的价值观。

最后，家长应不断更新教育理念。目前，很多家庭的教育理念仍旧是以学习成绩为主，家长把期望都寄托在孩子的学习成绩上，认为孩子只有学业上有所成就，才可能拥有精彩的人生。其实，青少年未来的发展与自身的人格品质、实际能力有着很大的关系。生活中也可以培养孩子的理财能力，例如，随着网络金融的飞速发展，可以让孩子了解一些基本的理财知识，培养孩子理性消费的能力和习惯，这些也是他们适应社会发展必不可少的能力。

启思录

有了金钱就能在这个世界上做很多事，唯有青春却无法用金钱来购买。

——莱曼特

⑥ 遭受欺凌要求助

"感谢我的老师，在我无心读书、成绩差到极点时，没有漠视我，更没有放弃我！"王斌对老师充满感激地回忆道："班级里总有几个同学欺负我，他们无故地撕我的作业，把我围起来做出拿凳子砸我的动作，拿我的衣服擦被他们踩脏的东西……开始我不敢告诉父母和老师，担心那些同学会变本加厉地伤害我。面对伤害，我能做的只有沉默。我也想过退学，可我不能不读书。后来，我把这种情况告诉了我的班主任老师。我的老师知道这种情况后，找了那些同学的家长，跟他们讲了事情的严重性，并且给予他们警告。在老师和他们家长的教育下，那些欺负我的同学慢慢改正了他们的错误行为。"

智慧树

欺凌实际上是一种故意伤害行为。在一项网络调查中，36000多名受访者，超过一半的人表示亲身经历过校园欺凌，其中有 1/4 的人欺负过别人。欺凌会给受害人的身心健康带来严重的影响。

首先，遭受欺凌不利于青少年健全人格的形成。遭受欺凌后，有些青少年因为害怕变本加厉的报复而选择沉默。长期的自我压抑，会形成内向、孤僻、自卑等消极的人格特征。同时，有些青少年由于反复被欺凌而形成了消极退缩的应对方式，这使他们常常处于恐惧、紧张和焦虑之中，长期的胆怯和畏缩，很可能会出现人格障碍。

最后，遭受欺凌不利于青少年的学业发展。长期遭受欺凌，会使青少年情绪紧张、焦虑，注意力不集中，从而成绩

下降，致使其产生学业适应困难。严重的会使青少年对学习失去兴趣，甚至导致辍学。

最后，遭受欺凌不利于青少年的社会适应能力的发展。经常遭受欺凌的青少年会对曾经受到伤害的地点和情景产生恐惧、不安等情绪，导致缺乏基本的安全感，严重者成年后也难以适应社会。

动力场

当孩子遭受欺凌时，家长不要采用报复的方式为孩子减轻痛苦，而是要理性对待，及时帮助和引导孩子避免遭受欺凌行为的产生和发展，指导他们要及时求助。

首先，和孩子一起正视欺凌行为。很多家长在思想上存在一种误区，即欺凌行为在网络和新闻上看到很多，但真正发生在身边的却很少，更不会发生在自己的孩子身上。实际上，被起一个难听的绰号、作业和课本被偷偷撕坏、衣服被乱涂乱画、丑陋漫画被全班传阅……这些并不构成违法犯罪，且看似同学间"正常打闹"的行为就是真实存在于我们身边的欺凌行为。所以，家长要引起重视，经常与孩子和老师沟通，及时制止欺凌行为。

其次，学会观察，关注青少年的心理需求和行为变化。在经过全球范围的调查之后，联合国教科文组织将发生在被欺凌者身上的伤害归纳为：学习成绩下降；变得沉默寡言；无原因的头疼、胃痛，或者假装不舒服、睡眠困难，做噩梦，不想去学校，甚至想退学；对社交场合恐慌；感觉无助，或者自信自尊下降；抑郁，焦虑，害怕，慌张；出现自我摧残行为，伤害自己，甚至有自杀倾向。所以，家长不仅要关注孩子的学习成绩，更应该多关注孩子的心理需求和行为变化。

最后，家长要告诉孩子，遭受欺凌要求助。一要多倾听，当孩子诉说或表现出因遭受欺凌而出现心理和行为的不适时，父母要鼓励和陪伴孩子及时寻求心理医生的帮助。二要勤沟通，要经常与孩子交流，告诉孩子在学校或生活中遭受了任何形式的欺凌行为，要及时告知同学、朋友、家长和老师。三要多学习，和孩子一起学习基本的法律知识，引导孩子遭受或看到涉及违反犯罪的欺凌行为时，要及时报警。

启思录

> 每个人心中都应有两盏灯光，一盏是希望的灯光，一盏是勇气的灯光。有了这两盏灯光，我们就不怕海上的黑暗和风涛的险恶了。
>
> ——罗曼·罗兰

⑦ 提防孩子遭性侵

　　15 岁的小云辍学在家，她坐在床上，低着头，长时间不动也不说话。她唯一的兴趣就是抱着 iPad 玩"切水果"游戏，右手不断地划，食指打着屏幕"哒哒"地响。两个星期以来，小云大多都保持着这个状态。她的父亲说小云睡觉不关灯，表情僵化，听见椅子响就身体颤抖。女儿变成这样是因为与异性交往不慎，两个月之前，被同一学校的三个"混混"欺负。父母曾带小云到北京求医，被诊断为"亚木僵"精神障碍，不得不辍学在家。小云的三名同伴也经历了这场噩梦，她们都是 15 岁左右的花季少女。

智慧树

　　近年来，青少年性侵案屡屡被报道。性侵案的发生，既与社会治安有着密切的关系，也有青少年时期性意识觉醒的因素影响。

　　首先，青春期的孩子对性知识产生了浓厚的兴趣。青春期是人身体发育完成的时期，他们逐渐对"性"产生了兴趣。他们一方面会感到害羞，另一方面又感觉"性"很神秘，渴望了解性知识，想要了解爱情，想知道如何处理性意识和性行为等。

　　其次，青春期孩子的性意识逐渐增强，会关注来自异性的评价，并开始向往和憧憬爱情。生理与心理的变化，使青少年逐渐感受到性的兴奋和性的冲动，他们开始关注性，关注生殖方面的问题。

最后，个体进入青春期后，与异性接触时有了微妙的变化，他们渴望与异性同伴交往，但是他们难以把握与异性交往的原则，过度的亲密交往会产生性冲动，造成性伤害。

动力场

提防孩子遭受性侵，家长要做到以下几点：

首先，家长要坦诚地对孩子进行性教育。受我国传统文化和思想的影响，很多人羞于谈性。但随着社会的不断进步和科学的不断发展，家长的思想观念应该随之转变，要和孩子一起正确认识性，坦然面对青少年的性需求，帮助他们树立正确的性观念。坦诚的交流、学习和引导，可以避免孩子因"偷偷"学习性知识而被误导。在进行性教育的同时，家长还可以教导孩子认识什么是性侵害，性侵害都有哪些形式，什么时间和哪些场所最容易遭受性侵害等，从而增强孩子的安全意识。

其次，建立良好的亲子关系。良好的亲子关系是孩子健康成长的基础。所以家长要和孩子多沟通，了解孩子每天的生活状态。要多观察孩子的兴趣爱好和情绪、行为的变化，倾听孩子的话语，和孩子平等地交流，要做孩子的好朋友，给孩子最大限度的自由，这样孩子才能信任父母并乐于分享秘密。即使因为工作原因不能陪伴在孩子身边，也要常向孩子表达爱，与孩子的老师、同学、朋友保持联络，掌握孩子的思想动态和生活状况，防止发生意外。

最后，培养孩子的界线意识和表达意识。教育孩子保护好自己的身体不被侵犯，要先培养孩子的界线意识和表达意识。要告知孩子底线，即使是言语挑逗、搂抱等也不可以。

青少年对熟人往往缺乏戒备心，所以家长要提醒孩子不要轻易相信别人，遇到特殊情况要及时与家人取得联系，因为除了陌生人、身边的熟人，包括看似很受欢迎的老师、亲友、邻居中间也可能有坏人。家长要教导孩子，如果有人侵害自己，可以机智灵活地予以反抗，伺机逃跑，但不能以伤害自己生命为代价来反抗。同时，不要为犯罪分子保守秘密，要第一时间告诉自己信任的人并报警。

启思录

家长在关注少女遭受性侵的同时，也要关注少男遭遇性侵问题。很多调查研究表明，遭受性侵害的男性未成年人远比我们想象的多。男性未成年人所遭受的性侵害多为抚摸式的，往往容易被青少年自己和家人所忽视。因此，为了孩子能够健康安全地度过青春期，家长应正视青少年的性心理健康，提防孩子受侵害。

⑧ 网络欺诈要警惕

　　兵兵今年 14 岁，网络游戏是他每天的"必修课"。一天，网页上"传授网络游戏技术，教做外挂及用代码开通永久会员"的广告引起了兵兵的兴趣。兵兵通过 QQ 与"招收学员"小刘取得了联系，并用父亲的手机通过"支付宝"向其支付了"学费"，欲学习广告中提及的网络游戏技术。收到钱后，小刘谎称可以向兵兵提供游戏源代码以帮其在网络游戏中获益。而后，小刘通过互联网多次向兵兵出售与其宣扬不符或不能使用的"网游外挂"及配套使用的"模块"，骗取兵兵付款共计人民币 59609.70 元。在发现上当受骗后，兵兵在父亲的陪同下报了警。

智慧树

　　2018 年出版的《青少年蓝皮书：中国未成年人互联网运用和阅读实践报告（2017—2018）》详细分析了青少年对网络的使用情况。书中提到，随着网络的不断发展和普及，城市青少年和农村青少年接触互联网的比例已几乎毫无差异，青少年手机拥有率逐年上升，且微信成为青少年获取新闻和信息的第一渠道。查资料、浏览新闻、娱乐、购物等使青少年对网络的利用率越来越高，但同时他们身心发展还不完全成熟，警惕性较低，很容易上当受骗，遭受身心伤害和财产损失。

　　360 互联网安全中心曾经就青少年网络安全问题进行了调查分析，结果显示，青少年最容易受到侵害的五种网络诈骗形式有网上兼职诈骗、虚假中奖诈骗、游戏交易诈骗、二手交易诈骗和虚假购物诈骗。值得注意的是，14 岁是一个危险期，报案者数量从这一年龄开始大幅增加。而 16 岁是青少年遭遇网络诈骗的高发年龄。另外，对于不熟悉网络诈骗的青少年来说，电子产品对青少年同样危险。

动力场

提高青少年网络安全基础技能、加强青少年网络应用安全等意识，在日常生活和学习中对孩子进行网络安全教育，可以从以下几方面入手：

首先，帮助孩子树立健康的生活理念。青少年乐于接受新鲜事物，但同时也很容易被错误的价值取向所引导，如果喜欢从金钱、游戏、穿戴及用品在同伴中获得自尊，则很容易形成盲目的攀比心理，也更容易成为不法分子下手的对象。所以，家长要在日常生活中为孩子树立榜样，教育孩子明白金钱的多少、游戏等级的高低、穿什么、用什么等只是生活的一小部分，并不能成为判断一个人成功与否的标准，引导孩子健康生活。

其次，提醒孩子时刻保持警惕。青少年心智尚未完全成熟，再加上现在个人信息的泄漏为各种网络诈骗和其他网络犯罪提供了资源和便利，所以青少年往往是一些不法分子欺诈的对象。所以家长要教育孩子时刻保持警惕，不轻易相信陌生人，遇到需要提供密码等个人信息的消息或电话时，要马上拒绝，需要转账支付时，要提前与家人商量。此外，还要提醒孩子任何时候切勿有"贪便宜"的心理。

最后，教育孩子消费须节制。随着社会不断发展，物质极大丰富，很多家长都想给孩子"最好的"。尤其在我国农村，很多家长由于工作原因不能经常陪伴在孩子身边，物质和金钱成为他们补偿孩子的途径之一。但值得注意的是，青少年虽然具有一定的消费能力，但自控能力还不足，如果没有家长的正确引导，不但会养成不良的消费习惯，还容易被不法分子所利用。所以，家长要教育孩子消费须节制，在为孩子绑定用于网络和手机支付的银行卡时，最好选择储蓄卡而非信用卡并开通支付提示功能。同时告知孩子，一旦发现被骗，不要害怕和畏惧，要及时通知家长并报警求助。

启思录

警示语：

"六不"：不轻信、不汇款、不透露、不扫描、不点击链接、不听转接电话。

"三问"：遇到情况，主动问警察，主动问银行，主动问当事人。

"三清楚"：清楚收款人真实身份，不轻信陌生人电话；清楚汇款转账的用途，不轻信所谓的安全账户；清楚给陌生人汇款转账的风险，不轻信别人的承诺。

后记
Postscript

　　《守护成长——农村儿童教育读本》丛书之"中学阶段"的写作就要收笔了。

　　所谓把"大智慧"写成"小道理"最难，这本看起来轻松易读的小书，却倾注了出版社和我们每位编者的心力。从最初的内容构思到写作风格与结构体例，从书名到每一篇章的题目，都是我们用心思考后的结果。一次次有了创作思路，又一次次地推翻重来，甚至在梦中爬起来将"灵感"记录下来，生怕白天因其他工作将其遗忘。

　　为了给农民朋友介绍科学实用的家庭教育理念和方法，我们选择了具有典型性和代表性的教育案例，这些案例是农民朋友常见的，甚至有些是他们曾经经历过或正在面临的家庭教育问题。本书采用"通俗易懂、朴实无华"的写作风格，符合农民朋友的阅读特点。"通俗易懂"是不做深奥的理论阐述，而是深入浅出，同时强调准确、科学；"朴实无华"是文字的阐释无须华丽的辞藻，只用最平实的语言文字去阐释一个个家庭教育的案例。书中做到了先深入浅出地分析教育原理，再用朴实无华的语言给出意见和建议，我一直追求这样的写作风格，因为深入浅出地诠释教育理论、朴实无华地描述事实本源，是对知识本身和读者的一种尊重。这不仅增强了知识的实用性，也使语言表达更加规范、逻辑更加严谨，使读者一目了然，理解其中的道理。

　　《守护成长——农村儿童教育读本》丛书由我策划并主持编写，并对稿件进行了审读与修改，《守护成长——农村儿童教育读本·中学阶段》的编者均为教育学、心理学专业毕业的硕士研究生，具有较为丰富的教育实践经验和科研写作能力，同时，她们也是我的得意门生。当我邀请她们参与本书的编写时，每个人都欣然应允，支持我的工作，而我还时常像上学时那样对她们严格要求。中学阶段中的"亲子关系篇""守法篇""安全篇"是由辽宁省抚顺第一监狱狱警、国家二级心理咨询师吴玥函主笔；"学习篇"由沈阳师范大学全日制心理健康教育硕士、国家三级心理咨询师郝欣主笔；"心理健康篇"由沈阳师范大学全日制心理健康教育硕士、国家三级心理咨询师王健主笔；"文明礼仪篇"由沈阳师范大学教科院心理学研究生、国家三级心理咨询师肖娴主笔。总主编郭瞻予对每一条目进行了修改。在本书的创作过程中，辽海出版社的副社长王晓虹女士和编辑夏莹女士凭借她们的出版工作经验，给予我们在写作方面很多好的建议，也给予了我们热情的鼓励。经过大家一起努力，这套书终于与广大农民读者见面了，希望我们的丛书可以带给农民朋友一些启发和助益。

《守护成长——农村儿童教育读本》丛书在选题策划之初，还参与了由辽宁省新闻出版广电局举办的 2018 年度大众喜爱的"农家书屋"图书网络票选与各市推荐的双重评选活动。在网络投票过程中得到了来自我的亲朋好友、同学、学生及同事的大力支持，他们对农村家庭教育的关注及对农村儿童成长的真挚关怀是我完成该书写作的最大动力，在此对他们给予的支持表示深深的谢意。

同时，我们在写作过程中参阅了一些专家和学者的著作和文章，恕我不能一一注释和当面致谢，在此一并表示真诚的歉意和谢意。鉴于本书编者水平有限，加之时间匆忙，在编写过程中的疏漏和不妥之处在所难免，恳请教育界同行和读者朋友不吝赐教。

郭瞻予

2018 年 4 月 21 日于沈阳家中